FOR BEGINNERS 108
吉田松陰
［増補新装版］

右も左もなく、ただ回天の志があった!!

文
三浦 実
イラストレーション
貝原 浩
解説
鈴木邦男

現代書館

現在

　小学生のころ、私は、たまらなくチャンバラが好きだった。とくに鞍馬天狗、近藤勇、桂小五郎、坂本竜馬、武市半平太などの剣客が、勤皇・佐幕と入れ乱れて剣をふるう幕末ものが好きだった。物語が勇壮華麗、悲壮にして哀切だったからだろう。
　絵本か少年雑誌で初めて松陰に接したのは、ちょうど、そのころである。だが、この武士はサムライなのに一度も剣を抜かないのである。私は、そんなサムライをサムライとして認めたく

なぜ、

なかった。いわゆるかっこうよくなかったのだ。子どもの私のその勘は正しかった。スタイル上のかっこう悪さは、生涯、変わることがなかったからである。

しかし、彼は幕末のどのチャンバラ剣客よりも武士であり、どんな志士よりも志士であった。真の武士であろうとした松陰は、自分の幸せよりも、他者の幸せを望んだ。彼の心にあるのは常に藩であり、国であり、そこに生活する人民であった。彼は、そのために学び、旅をし、そ

松陰

の人々のために藩命に背き、国禁を犯し、獄につながれ、幽閉され、塾をひらき、幕府要人の襲撃を企て、また投獄され、遂には、幕府権力の手で処刑圧殺された。彼は死の瞬間まで己の節を曲げることはなかった。

幕末、国事に奔走し生命を失った志士は彼だけではない。だが、体制の根本的な変革を望み、それを成し遂げるためには、人民の総決起によるしかないと主張した先駆者は松陰ただ一人である。

無器用に、ド真面目に、真実を追い、自分の信じる道を死をも怖れず突き進んだ松陰の生きざまに魅きつけられた。時代は地殻が変動を起こしたように激動した幕末だったとはいえ、身分秩序を絶対のタテ軸に言論を封殺し、行動を抑圧すことで体制を維持している封建下である。そのなかで、幾度か蹉跌し、辛酸をなめながらも、屈することなく堂々と己の信念を主張し続けたその姿勢、その精神は、ただ瞠目するだけである。それに比して昭和の俺たちは──。

長州藩浪人松陰吉田寅次郎矩方(のりかた)とはいったい何者だったのか——

戦闘的な反体制の闘士

排外的尊王攘夷主義者

人民主義的革命家

天才的教育者

維新の軍師参謀者

あっしにゃ関わりのないことでござんす

憂国の志士

／勤王主義者

／倒幕運動者

／明治維新の先覚者

／日本武士の理想像

／狂熱的天皇主義者

／封建的英雄

安政六年（一八五九）十月二十七日ときの政府（徳川幕府）によって圧殺された

天保三年 一八三二　　天保二年 一八三一　　天保元年 一八三〇

このころ全国各地で百姓一揆頻発！

略年表

松陰誕生から獄死まで
1830‐1859

物情騒然…

ジャーン！あらわれましたる義賊 鼠小僧次郎吉

人のモノは俺のモノ

チューさまチューしてくんなまし

寅次郎

8月4日長門国萩松本村に生まれる（0歳）

そうねえ全く手のかからないいい子だったわねェ

母の滝のいうに

嘉永五年 一八五二
嘉永四年 一八五一
嘉永三年 一八五〇

列強はアジアから手を引く

⑮

いさ！

われ自宅謹慎の命を受ける。士籍、家禄、兵学師範の地位を奪命により萩に帰る。12月その罪で4月旅から帰る。亡命罪で帰国の（22歳）

東北の旅に出る。と相模沿岸を視察。12月脱藩して安積良斎らに学ぶ。6月宮部鼎蔵2月藩主に講義。3月江戸に出発。（21歳）

と九州遊学の旅に出発。12月帰る。5、8月藩主へ兵学講義。そのあ（20歳）

12月萩に来た梅田雲浜と逢う。きて野山獄囚の多くが釈放される。隣に講義を始める。10月松陰の働き6月『講孟余記』を脱稿。8月近（26歳）

で出獄。自宅の幽室に入る。義を始める。12月病気保養の名目4月獄内で同囚を相手に孟子の講1月金子重輔獄内で病死。松陰（25歳）

安政六年

死ス

享年二十九歳

馬町牢獄で処刑。同27日死罪判決、伝の書を記す。10月20日父、兄、叔父に永訣獄。幕府の訊問を受け伝馬町の牢に入6月江戸藩邸の牢に7月9日と藩命下る。5月24日萩を出発、江戸藩邸に松陰を江戸に護送せよらが分裂。これと義絶する。4月陰。慎重論をとなえる高杉、久坂1月倒幕挙兵論を主張し続ける松（29歳）

前述のさまざまなレッテルは松陰の死後、人々が勝手につけたものだ。といってどうつけられようと死者は文句もいえないが、歴史上の人物の評価は、たいていそんなものだ。それにしても松陰ほど評価が分かれ、それでいながら左翼にも右翼にも信奉者をもつ人物は日本史のなかでは希有といっていいだろう。
それは幕末という変転きわまりない時代の複雑さであり、その時代を純一無垢に生きた精神の所産である。

左翼にも右翼にも支持者をもつ不思議な人だ

彼は日本に夜明けをもたらした明治維新の先覚者であり、思想家であり、革命家だ。その思考と行動は常に時代より一歩早く、眼は時代よりも二歩も三歩も先をみていた。しかし松陰がユニークな存在として歴史にあるのは先見性によってではない。彼の生きざまが、幕末に活躍した志士の誰よりも、世界の革命家の誰よりも「政治家」的資質に欠けた革命家だったという特異性によってでもある。

彼の生い立ち─→肌で知った農民の生活─→勧農主義者

松陰、幼名虎之助のち大次郎、松次郎、そして寅次郎は天保元年（1830）8月4日、長門の国、萩松本村に生まれた。父は長州藩藩士、杉百合之助（26石）、母・滝。兄・松太郎は2歳、彼は次男である。

26石という家禄は武士としては最下級であり、それに百合之助は無役だ。ほとんど無給といっていい。のちに母の滝が、「野に耕し、山に樵り、時の寒熱、身の労逸（労苦と安楽）を顧みるに遑あらず。つぶさに稼穡（農事）の艱難を嘗め、あるいは牧するに至る」、と語っているし、また松陰も、「矩方の幼なるや畎畝（田の間の溝や畝）の中に生長し、身稼穡の事を親したり……」、

と書いているが、その生活は武士というより農事に明け暮れる百姓だった。

しかも松陰の幼少期は全国の農民を災害と飢えのなかに叩き込んだ"天保の飢饉"（1833～36）の時代である。死に至るまで変わることのなかった農民へのやさしさと松陰の配慮はその生活体験によるものだろう。

百姓一揆や打ち壊しが相次いだ。

毎年のように冷雨、旱天、大雨、冷害と天候不順が続き、大洪水、虫害、疫病が発生、作物の収穫は西日本で例年の3分の1、中部、北陸、東北も3分の1から、なかには皆無という地方もあった。とくに東北地方はひどく飢えと疫病による死者は10万人を越すといわれる。そのため米の値段をはじめ諸物価が値上がりし、都市の細民の生活を圧迫したが、農民の困窮はより悲惨で各地に百姓一揆や、窮民の打ち壊しが激発した。

大塩平八郎の乱が起こる

この飢饉は幕藩体制を大きく揺り動かした

天保元年（1830）長州藩でも藩政府が薬種、綿以外の商品を他藩から仕入れることを統制したことに、周防熊毛郡に藩内はじめての反対一揆発生。

天保2年　山口、三田尻に端を発した百姓一揆が全藩に広がる。

天保4年　関東、東北地方に飢饉。江戸、大坂、広島など各地で物価騰貴、米の買い占めに対する暴動、打ち壊しが頻発。

天保5年　諸国に飢饉広がる。幕府は唐津藩主・水野忠邦を老中に起用し、その対策に当たる。（**天保の改革**）

天保7年　長州の周防、長門ともに風雨、洪水の被害甚大、諸国に一揆起こる。

天保8年　大坂町奉行元与力、大塩平八郎が貧農細民のために立ち上がる。すぐ鎮圧されたが、武士が民百姓のために乱を起こしたのは史上初めてである。この影響で長州藩にも一揆が起こる。

日本全国の農民を襲ったこの窮乏は百姓同様の生活を送る杉家の窮乏でもあった。

百姓一揆の如きは連年苛虐のいたすところ（獄舎問答）

もっとも急かつ要なるものは、農勧み民富むこと――民富まずんば仁愛はたいづくにありや（末焚稿）

士は、農工商の業（仕事）なくして三民の長たり――君子の耕さずして食うとはなんぞや（武教全書講録）

田圃のことは武士たるもの一日も忘れまじきこと（兄・梅太郎宛）

武士は主君に仕えることによって養われ、その恩義にむくいるために命を投げだすことで武士であり続けた。そして、百姓も町人も、その主従の生活を支える道具でしかないと考えていたのが徳川封建下における武士だった。当時でも「農は国の本なり」という思想はあった。しかし、その農は"農事"であって"農民"ではない。農民は徳川家康以来の「寄らしむべし、知らしむべからず」即ち、百姓は手なづけて道具として使え、道具である以上のことを教えるなというのが武士の考えだった。

民に稼穡を教え、もって農勧み民富むことを致すのに学にしくはなし

しかし松陰は百姓に産業を教え、農業を発展させ、人々の生活を豊かにしなければならないという。西洋では農業ばかりでなく人民のために鉱山や山林の学校もあるときく。「夷狄すらかくの如し」と、日本の現状を嘆き、民百姓に学問せよと推める彼の考えは、当時においては、政治の変革または、行動を起こさないにしても十分に危険な思想だったのである。
なぜならば身分秩序で維持されている封建社会では、彼の考えそのものが秩序を破壊するものだからだ。

松陰の受けた狂教育

松陰は4歳のとき父の弟、叔父・吉田大助賢良の仮養子になった。長州藩兵学師範吉田家（56石6斗）の大助には子どもがなく、当主が病に倒れたので家系と家学を絶やさないために親類が相談をし、彼に白羽の矢が立ったのである。そのころすでに父から「四書五経」の素読教育を受けていた。

教育の場は家のなかではなくおもに田や畠だった。父は鍬を手にしながら兄・梅太郎と彼を教えた。松陰のもの覚えの良さは親類中の評判だった。吉田家を継ぐことになったのは、彼のそうした資質によるものだった。

兵学師範——用兵戦術を研究しそれを教える人。わが国には楠木流、甲州流、山鹿流などほか数派あるが基本は中国の兵書である。

四書五経——中国の古典。四書とは大学、中庸、論語、孟子の総称。五経は易経、書経、詩経、礼記、春秋をいう。

> 虎の記憶力の良さは神童といっていい、それに性質も率直で物腰も落ち着いているから吉田家を継がせるには最もふさわしいと思う。

> あの子なら家名を汚さない立派な兵学師範になれる。

> しかし早熟な子どもはえてして途中から駄目になるものだがな……

翌年、大助（29歳）が亡くなり、5歳の彼が吉田家の当主となった。藩の命で父の末弟、玉木文之進ほか6名の師が彼に家学を教えることになった。本人の意志も能力もおかまいなしの世襲制度教育である。ただ、松陰が幼少のため身柄は杉家に預けられたまま。

「おまえは長州藩毛利家の兵学師範になる身だ。従っておまえが一日勉学を怠ることは藩の兵学を一日遅らせることになる。懸命にやらねば不忠の臣となり家名にも傷がつく」と文之進は彼を叱咤した。

その勉学は叔父の喪のあけないうちから始められたという。完全なエリート意識を培養しながらの詰め込み主義である。

松陰は有無もなく兵学師範になる

孔孟の教え

人の生きる道、理想的な政治および、国の在り方を説いた戦乱時代の中国が生んだ学者 孔子、孟子の教え

溢るる知恵の湯

批判精神を失い形式化した山鹿流兵学の復興を……

山鹿流兵学

始祖は山鹿素行（1622〜85）。兵学の根本は政治にある、それ故、わが兵学は儒道教学（儒教の説く政治学）とひとつものだと主張する素行は、単に戦陣上の技術だったそれまでの兵学を集大成し、新しい兵学を樹立した。だが、彼の著『聖教要録』が幕府の教学である朱子学を批判したという理由で江戸を放逐された。そのとき彼は「聖人の道を罪する者は時世の誤也。古今天下の公論、違るべからず」、およそ道を知るものは必ずそういう目に逢うといったが、その流れをくむ松陰が"天下の公論"のために罪死するのは素行の批判精神を継承したといえるだろう。

この学問の系譜には主君の仇そのものより、幕府の片手落ちな裁きを抗議の主眼として吉良邸に討ち入った、赤穂浪士の首魁大石内蔵助、天保飢饉の大塩平八郎がいる。

赤穂浪士の討入り

各々方 首尾は上々 我ラ キラー 浪士ぞ

文之進から受けたすさまじい教育

文之進も微禄で無役だったので杉家とおなじように野良へ出る毎日だった。

松陰は父のときと同様に土の上で叔父の教えをうけた。ただ厳しさは父の比ではなかった。姿勢が悪いといっては鉄拳が飛び、文章を誤ったといっては殴り倒された。学問は公である。公を粗略にする姿勢をそのままにしておいては将来、公より私を優先するような人間になる。それが非であることを身体で覚えさせるというのが文之進の教育方針だった。

後年、妹の美和が「母はそれをみるに忍びず、早くその場を逃げてくればよいのに、そうしたらこんな酷い目にあわなくて済むのにと兄が逃げないのを歯がゆく思ったこともあるそうです」と言い、私事については不平を語ったことのない松陰も「あんな酷い目にあって、よく死ななかったものだ」と弟子に洩らしたというから、その凄さは想像を絶するものだったに違いない。

十歳にして御前講義 人これを神童と称す

松陰はよく耐え、よく習い、よく覚えた。天保9年、彼は8歳で兵学教授見習いとして藩校明倫館に出仕。翌年、教授に昇進した。そして11年には御前講義という晴れの舞台に登場、藩主・敬親(たかちか)に家学・山鹿流兵学『武教全書』のなかの戦法三戦を講じ激賞をうけた。わずか8歳で教授見習、9歳で教授になっても家老の家に生まれたものはボンクラでも家老になり、足軽に生まれれば優秀でも足軽にしかなれなかった封建世襲の時代にあっては、さして驚くべきことではない。ただ、いかに兵学教授であるとはいえ10歳の彼が藩主の要求で講議したことは、周囲の皆を驚かせた。まったくの異例だったからだ。それは明倫館における松陰の評判が、それほど高かったことの証明といっていいだろう。

え〜え〜どうせわたしは裏口ですよ

若年とはいえ、寅次郎はなかなか立派なものではないか。

でもあろうが、あの年であれだけのものを読めるということは尋常なものではない。殿さまことのほか満足気じゃったぞ

なあに文之進が下書きしたものを読んだに過ぎないのだ。

毛利敬親

36万石長州毛利家藩主、天保8年(1937)4月襲封。広く人材を登用して藩政治の刷新をはかり文武の興隆に尽くした。が、幕末、家臣の進言するがままになにごとも「そのようにせい」、というので"そうせい侯"と呼ばれて軽じられた。のちに「ああでも言わなければ命がいくつあっても足りなかったろう」と激動する時代に生きた藩主の苦しい立場を告白している。最後まで松陰の庇護者だった。明治4年(1871)没。

この子の将来が楽しみじゃよ

彼は20歳までに六度も御前講議をする栄誉に恵まれた。敬親が学問好きだったからではない。学問がどれだけ進んだかをテストされていたのだ。36万石の大藩主が年少のしかも微禄の家臣に意をとめるということは、松陰への期待の大きさを示すものである。また彼も期待を裏切ることはなかったし、そのための努力もした。

だが彼の努力と学問の進化が兵学師範である彼自身の立場を大きく揺らがせる矛盾をはらんでいた。松陰は14歳のとき、初めて日本を取り巻く西欧列強諸国の怖さを耳にした。

幕府、高野長英渡辺崋山など、蘭学者を逮捕

松陰の師のひとりである山田宇右衛門が江戸から帰り、西欧の強大さを人々に知らせようとした高野長英、渡辺崋山などが社会を不安にするという罪で幕府の獄に繋がれた蛮社の獄（1839）、また隣邦清（中国）がイギリスの前に屈した阿片戦争（1840〜42）について語った。そして宇右衛門は、山鹿流にこだわっていては時勢におくれる、もっと眼を開いてみるのだといって同藩の長沼流師範山田亦助に学ぶことを推めた。早速その門を叩いた松陰は亦助に1年の習学で長沼流兵学の免許をうけたが、彼の学んだものは単に兵学だけではなかった。

開かれる海外への眼、初期攘夷思想。

近時、欧夷日々盛んにして東洋を侵蝕す

「西欧の侵略者どもはその魔手をアジアにのばし、いま日本までも爪牙にかけようとしている。うかうかしてはいられないのだ。一日も早くこれに対抗できる準備をし、その不法を怒り、正義の戦いをするようでなければ日本男児ではない」、と激語する亦助によって開かれた世界の大勢と時代への眼である。それまでの松陰は国とは長州藩のことであり、学問とは山鹿流兵学を学び、その兵学を成立させた中国の古書を読むことだった。だが、孔子、孟子を生んだ中国がいとも簡単に西欧に屈したということは恐怖以上のものとして彼を襲った。

そして翌年、松陰は砲術、西洋陣法をそれぞれの師について学んだ。それは単なる知識欲でも立身出世のためでもない。西洋列強に対する危機感と、その脅威と、乱に当たって事を守るという兵学師範としての責任と自覚からである。徳川幕府は内部矛盾よりも外圧によって倒れたという説があるが、天保2年（1831）ごろから日本沿岸に出没し始めた西欧艦船の動きは、年を追ってその姿を多くし、ときには上陸した異人から民衆が被害をうけるという事件ももちあがっていた。まさに日本は危機のなかにあり、松陰はその危機を全身をもって予知していた。

西洋が攻めて来ないとは云えないじゃないか

いかに鎖国の壁を厚くしても海から寄せてくる波は強く、壁はいつ崩れるともしれない様相をおびていた。だが一般の人にはもちろん、ほとんどの武士も状況を認識していなかった。そんな空気のなかで松陰は、いままで異変がなかったからといって、これからも無事だとはいえないと藩に警告し「シベリアを開発したロシアは軍艦を備え、わが奥蝦夷に迫っているのだ。いままで異変がなかったのは、吾が国に隙がなかったのと、先方に仕掛ける口実がなかったからで、これからも無事だとはいえないのである」、

と海防の重要性を説いた「水陸戦略」を書いて藩に提出、警告を発した。嘉永2年(1849)彼が19歳のときである。吾が国に隙がなかったとは思えないが

松陰の対外認識は、この時代の人としては一級だ。しかも彼は弱冠19歳である。藩が彼に期待した理由も頷けるだろう。また彼はそのなかで太平が永く続いたので「上下ともに奢侈をほしいままにし無用の費多く候ゆえ……」

武士の精神がたるみ、武備も完全ではないのではないかと上級武士と藩の上層部を批判し、「そも戦争には、廟堂（政治）の勝ちと原野の勝ちとあり」とあるが、政治を支配しているものがしっかりしてなくては戦いには勝てないのだ、と藩の政治についても注意している。現代から見れば、それほど大それたことだと思わないだろうが、下級武士が上級者に注意することなどはあってはならない時代なのだ。しかし、その姿勢こそが松陰が死に至るまで持ち続けた姿勢である。

いかにも古い松陰の海略戦術

だが具体的戦術になると「海戦は奇なり……陸戦は正なり」と兵法の規定どおり海からの敵に奇襲を提案するのだが、漁師から舟をかり一艘に4～5人ずつ乗って火縄銃、縄梯子、鳶口などをもって賊船に近づき、窓を狙って銃を放ち、さらに近づいて縄梯子で敵船に登り斬り込む。また大砲を打ちはなして夜中に賊船に近寄り船腹を打ちぬくという、現代なら小学生でも考えない幼稚きわまるものだった。

なんともお粗末だが、十分ではないにしてもこれで戦えると思っていたのである。

ともあれ松陰は「水陸戦略」を認められ藩から"外寇御用係"を任じられその年の6月から1カ月、長州藩の北海岸から西海岸一帯の海岸防備の実情を調査することを命じられた。

勝つと思うな思えば負けよ

精神一到何事か成らざらん

……ヤヤ勝つ見込みなんてまるでないよ

苦しかった幕末の藩財政

要するに藩が商売に手を出したんだナ

農村を土台にし農民を搾取することによってのみ経済を維持してきた幕藩体制は、都市の膨張、文化の発達、商品経済の発展によって急激に不安定なものになっていた。これらの発達は不生産人口を増加させ、農民の負担を多くすることにしか役立たなかったからである。したがって窮乏化した農民に寄りかかる藩財政もラクなわけはなかった。幕末、ほとんどの藩が、土地の大商人、江戸、大坂の札差しから借金をしていた。

長州藩も例外ではなかった。だが天保の飢謹でことの重大さに気づいた藩は村田清風を起用し、特権的商人の利益をおさえ綿、塩、干鰯などの特産物を他藩に売る貿易振興策など藩財政の改革、広く人材を登用し藩そのものに活気を入れることに力を入れた。そのため藩の空気は他藩に比べて、かなり自由で進歩的なものになっていた。松陰のような若者が受け入れられたのは藩がそうした姿勢だったからである。

憂国への傾斜 九州平戸遊学

しかし松陰のみた藩の海岸防備は防備とはいえないお粗末なものだった。彼は翌、嘉永3年(1850)8月23日、家学考究のためと藩に願って九州の旅にでた。自費である。平戸には山鹿流の師として有名な葉山佐内がいる。佐内について学問上の疑問をただしたかった。

それに平戸の近くには長崎がある。長崎は日本が世界に開いているただひとつの窓だ。新知識も外国の息吹きもそこでは十分に味わえるだろう。松陰の燃えるような知識欲と外圧の危機感、そして、求めてやまない魂が、彼を書斎にとどめておくことを許さなかった。

萩 8.25発 12.29着「嘉永庚戌八月二十五日 晴早発」

9.14着〜11.6発 葉山佐内に学び 山鹿万助に師事 この間、西洋兵術を学び海外事情を知る

平戸・小倉・佐賀・久留米・山鹿・熊本

9.5着〜9.12発 オランダの船に乗る ぶどう酒・パンをはじめて飲食する

長崎 11.8着〜12.1発 砲術を学ぶ

遊学 「余の辞書に「無駄」という言葉ない」

1日およそ28km歩いた勘定だぜ それも歩いては読み、読んでは歩くという旅だった。

実行のなかにのみ学問がある 行動しなければ学問ではない

その年の12月に帰国するまでの4カ月彼は各地の著名の士を訪ね、交わりを結んだ。しかも歩くときには1日平均28キロという速度だったというからスゴイものだ。9月5日、長崎に着き、翌日には、西洋兵術家高島秋帆の息子浅五郎を訪ね、11日には念願が叶って通訳福田耕作の案内でオランダ船に上がり、船内を見学。14日、目的の平戸に入り葉山佐内を訪問、50日も彼のもとにいて『伝習録』（王陽明）および佐内の書いた『辺備摘案』という海防論を読み、教えをうけた。平戸には素行から数えて十一代目の継承者である山鹿万助もいて、その門を叩いたが彼は、「実行のなかにのみ学問がある。いくら考えが正しくとも行動しなければ学問ではない」、
と王陽明の思想を説く佐内の人格と、その教えに強く魅かれた。魅かれたというよりは、行動することに最高の価値を置いた王陽明との出逢いが、それからの松陰の生きかたを決定したといっていい。

王陽明（1472～1528）
中国明代の儒者。官吏になるため朱子学を習うが、形式的なその学を嫌って道教、禅宗などの横道に入る。35歳のとき高級官吏の横暴を批判して山奥に流され、そこで知行合一、即ち学問と行動の一致を説く陽明学を確立した。中国儒学中興の祖。

国禁の書に勝る良書はなかった

また佐内は松陰に山鹿流にこだわらず広く外国の書を読めと薦めた。彼は師の教えに忠実に従い、むさぼるように読書に熱中した。
日記に記されているもの約200冊、そのほとんどが国禁の書だ。しかもただ読むだけではなく、要点を抜き書きし、感想や批評をこまかくノートに書き込むという精読である。

そのほか『西洋人日本記』『泰西録語』『蒸気船略記』『魯西亜国王書翰』など外国の翻訳書を読んで、自分たちが洋夷と蔑視している外国の文明が日本と較べて、いかに進歩しているかを知り、とくに阿片戦争の書では、いかに西欧列強が不法で無法な侵略者であるかを知った。
その書には先進民族（国家）が後進民族（国家）を経済、軍事の両面で侵略していくプロセスが怒りをもって書かれていたからである。

志士・松陰の誕生

→鎖国していた日本で唯一、海外への窓だった長崎。中央は出島

松陰はこの旅で変わった。それまでは長州一藩にとどまっていた彼の眼が、世界の大勢のなかで日本全体を考え、みる眼に変わったのだ。即ち"志士"松陰の誕生である。

また松陰は、兵学が一流一派にこだわって応用ができないのでは、むしろ有害だという考えをもった。それは山鹿流兵学師範として立つ自分自身への否定である。

なぜなら兵学は抽象的な学問ではない。武士が生死を賭けて戦うための具体的な学問だ。その運用を誤れば国（藩）の興亡にかかわる大事である。松陰を旅にかりたてたものは新しい時代に自分の学んできた学問が、時代に対応できないのではないかという疑問と不安からだった。そして不幸にも、「兵学の儀、一流一派にかかわり変通これなきようにしては実用の叫び申さず」と帰国して提出した藩の報告書に書かねばならないほど、彼の学んだ兵学は時代から遅れていた。年譜的にいえば、前年４月英艦が神奈川に来航し、江戸湾を測量、８月幕府は諸藩に海岸防備について意見書を命じる。嘉永３年10月、高野長英、幕府の捕方を前に自殺。時代は急激に動きつつあったのである。

世界は広い 日本は狭い アー

夷は栄える 大和は細る

志士とは 天下国家のために 死を怖れず 身を捨てて 活躍する人

となると……

シシ・ショーイン

わしがやらねば ダレがやる

嘘だった学問の府　江戸

嘉永4年3月4日、松陰は参勤交代で出府する藩主に従って江戸に上った。兵学師範として責任をもって教えることができないと自覚した彼は、江戸で学問するためである。そして江戸到着と同時に、4月25日、幕府昌平黌教授、安積良斉（さかこんさい）の塾に入門。

同27日、儒学および蘭学の昌平黌教授古賀謹一郎に入門。

同29日、家学の正統を継ぐといわれていた山鹿素水に入門。

5月某日、松陰の運命に大きくかかわる砲術と蘭学の師、佐久間象山の塾に入門。

それらの塾は松陰の住んでいる長州藩邸から4キロ以内にあるとはいえ、彼は一度に四つの塾に入門し、食事の時間も惜しんで毎日、江戸の町を本をかかえて駈け回り始めた。食事といっても祝日のほかは味噌汁と梅干だけだったというが……。

彼は萩の兄・梅太郎に「これまでの学問では、なにひとつ出来候ことこれなく僅かに字を識り候までにご座候。それ故、方寸錯乱（いかん）如何ぞや……学ぶところ未だ要領を得ざるか、一言を得て而してこの心の動揺を定めんと欲す、万祈万祈」と書いているが、いかに大秀才の松陰でも、一度にこれだけ塾に通い教えられたことを全部、頭に叩きこもうとすれば錯乱するのが当然だろう。

江戸・両国橋のにぎわい

当時、江戸の人口はおよそ150万人、これは世界一の大都市だったんだ

佐久間象山は当今の豪傑　学問あり・識見あり……

だが「三年の修業ぐらいにては……愚輩の鈍才にては俄かに出来申すべくとも思われず、我一歩往けば寇（洋夷）もまた一歩を往くの道理、まして愚鈍のものは人の十歩百歩のあいだに漸く一歩を移し候くらいのことにては、三年五年にては間に合い申すまじく候」、と学問を身につけることのしんどさと焦りを語り、また別の手紙では、「江戸にて兵学者と申すものは噂ほどにこれなく……」、

「江戸の地には師とすべき人のなし」、と書き、師も学問もみたしてくれるものがないことを嘆いているが、のちに象山について、

「佐久間象山は当今の豪傑、都下一人にご座候……慷慨気節、学問あり、識見あり」、と最大級の言葉で激賞する象山も、その時点では交わりがふかくなかった。

むしろ彼は師に習うよりも塾で知り合った他藩からの留学生のなかに同憂の士を発見し、その人々と交わることで学問的刺激と啓示をうけた。とくに山鹿素水の塾には「宮部は大議論者にて好敵手にご座候」と兄への手紙に書く。

佐久間象山（1811〜64）
名は修理、信州松代藩士、少年時代から秀才の誉れ高く、江戸に出て学び、のちに神田に儒学の塾を開くが、阿片戦争の報を耳にするや、ただちに西洋兵学と砲術、蘭学を学び、修得してその塾を開く。安政元年(1854)、松陰のアメリカ密航事件に連座して松代に蟄居、8年後許されて公武合体、開国佐幕を主張、そのため尊攘派に暗殺された。漢学洋学に通じ、とくに近代科学の知識は当代随一でならぶものはなかった。しかし性格は狷介尊大で敵も多かった。

宮部は大議論者にて好敵手に御座候

先年、九州の旅で逢い西欧の侵略による日本の危機を語って肝胆相照らした宮部鼎蔵が、やはり江戸に上り学んでいた。ふたりはその年の6月、房総地方の海岸防備視察の旅にでた。机上の空理空論よりも自分の眼でたしかめる実践に移したのだ。

その前年（1850）、アメリカは議会で東洋への発展（侵略）と日本の開国を決議した。もちろん遠い国、アメリカでなされたこの決議は幕府も日本国民の誰も知るものはなかった。

しかしその事実を知らなくとも、心あるものは危機を予感し、対応について胸を痛めていた。松陰は、その人々のなかでも、もっともその危機を鋭敏に感じとっていた一人といっていいだろう。したがって彼が、自分の学んできた学問、また現在学びつつある学問が、対外の敵に対応できるかどうかについて疑問と強い不安を抱いていた。

それが方寸錯乱という字句になり、宮部と連れだって房総の海岸の防備をみてまわる旅になったのだ。書斎における学問にはとどまっていられなくなったのだ。

宮部鼎蔵（ていぞう）(1820〜64)

熊本細川藩士、父は医者だったが山鹿流兵学師範だった叔父の養子となり兵学師範となる。のち林桜園に師事して国学、神道を学び強烈な攘夷思想をもつ。松陰は彼に兄事していたが松陰ほどの外国の知識はない。だが国学については松陰に感化を与えた。文久から元治年間にかけて攘夷志士として京都を中心に活躍するが元治元年（1864）6月、池田屋事件（新撰組の殴り込み）で重傷を負い自刃した。肥後勤皇党の代表的人物。

水戸で受けた尊皇攘夷思想の仕上げ

なぜこんな馬鹿なことをしたのか──。最近、東北の海岸に異国船がしきりに出没し、上陸して人民に危害を加えることもあると聞いた松陰と宮部は、東北行きを計画した。同行を申しでたのは家老によって謀殺された兄の仇を討ちに南部へ行くという塾で知り合った江幡五郎だ。感激屋のふたりはただちに同意、松陰は旅行許可願いを江戸藩邸に提出、藩からの許しもでた。しかし、出発直前になって旅には藩主の印ある「過書」が必要なことを知った。

藩主は萩にいる。過書が届くのを待っていたのでは他藩の友人たちに約束した日に出発できない。彼は黙認してほしいと何度か江戸の重臣に訴えた。相手は官僚である。「法は曲げられない」と耳をかそうともしなかった。松陰が脱藩をあえてしたのは単なる友情からではない。自分の吐いた言葉の重みと一度誓った人間の信義からである。

松陰一行は水戸に入った。水戸は幕末の尊夷思想発祥の地である。藩主徳川斉昭は攘夷家の名声高く、家臣の藤田東湖、会沢正志斎も水戸学の論客、思想家として他藩まで名を知られていた。

気分的には十分に尊皇家であった松陰は彼らを訪問し教えをうけ、実地で水戸学の洗礼をうけた。

尊王攘夷：尊皇攘夷
天皇の権威の絶対化と封建的排外主義とを結合した思想。幕末、経済的な行きづまりと外圧によって危機にひんした幕藩体制の再強化のために、とくに水戸学によって鼓吹されたが、のちに徳川幕府よりも天皇を尊しとする王政復古、倒幕の思想となった。尊皇攘夷志士とはその活動家をいう。また明治以後の絶対主義天皇制のイデオロギーの基礎となった。

徳川斉昭
尊皇攘夷思想が幕府に嫌われ将軍継嗣問題を理由に幽閉され、そのまま死亡。

藤田東湖
初期幕末の志士から絶大の人気があった詩人肌の尊攘学者。

会沢正志斎
後期水戸学を代表する論客、『新論』はじめ彼の著作は当時のベストセラー。

水戸学
江戸時代、水戸藩で興隆。国学、史学、神道をタテとし儒学をヨコ糸にして組織したもので藩主光圀を中心に『大日本史』を編纂していく過程で成立した学問。皇室尊崇と封建秩序の確立を説き、幕末、斉昭のもとに熱烈な尊皇攘夷論を展開、天下の志士たちの思想的支柱となった。

やっと出番だー

江戸で接した学問を三つに分けると

一 反動
佐藤一斉
幕府官許の朱子学のみを唯一学問とし、すべての西洋学を拒否する反動学者の代表。

二 中間
安積艮斉
西洋学から学ぶべきことはないが、防備のためには知る必要はあると説く中間派。

一の説は勿論とるに足らず。二、三の説を湊合して修練つかまつり候はば、少々面目を開くことあるべきかと存じ奉候。

何という時代錯誤じゃ西洋のことを知るは時代のすう勢じゃ

三 進歩
佐久間象山
日本の魂、西洋の技術の合体を説き、積極的に西洋学を学ぶことを主張した進歩派の代表。

こら松陰どこへ行く！

水戸サーン

矛盾

ここに極まれり

西洋のことを知らねばならぬと主張する象山の弟子であり、又自分でも知らねばと思っている松陰と、鎖国を堅持し攘夷を絶対とする水戸学に傾いてゆく、矛盾の松陰がここにある。

ワシには何の矛盾もありませんよワハハ…

オイラ一体どうしようとしてるんだ。

地獄そのものだった佐渡金山

わらない姿で地底ふかく入り、その現場をみた印象を「……おおむね四十人ばかり昼夜更番す。強壮にして力あるものと雖も十年に至れば羸弱（体が弱る）用に適せず。気息奄々あるいは死に至る、誠に憫むべきなり」、と怒り、涙で記している。
当時の武士で見学のために坑内に入ったのは彼だけだろうし、劣悪な環境と苛酷な支配と賃金の安さを指摘した武士も彼だけだろう。

彼らは新潟にもどり秋田、弘前、青森、盛岡、仙台、米沢、会津若松、水戸、今市、日光、足利と道をとり４月５日江戸に帰った。約130日の旅だった。
その旅で松陰がみたものは防備とはいえない日本沿岸の防備と、それよりもなお彼の心を寒くさせたのは、民百姓の悲惨な生活だった。

金の山は地獄の山

耕さずして食うとは何ぞや

江戸で待っていたのは、ただちに国もとへ帰って蟄居せよという脱藩の罪に対する藩命だった。彼はそれに服したが彼の思想は、この旅で進化し、よりふかくなっていた。先の長崎の旅が、兵学師範である自分の身に対する疑問を生んだが、東北の旅は、三民の上に立ちながら、なにひとつ生産せず座食している武士という存在に対する疑問を生んだのである。こうした松陰の思考はそのころ流行した水戸学の藤田や会沢にはカケラほどもないものである。

萩へ帰った彼は父・百合之助の監視のもとにおかれたが「萩中こぞって非となし、甚だしきものは大二郎（松陰）の愚魯（馬鹿）さことここに至る……」と、いままで評判が良かっただけに余計に悪口をいうものがいた。だが彼は「身皇国に生まれて、皇国の皇国たるを知らず、なにを以って天地に立たん。

故にまず『日本書紀』三十巻を読み、これにつぐに『続日本紀』四十巻を以す……」日本の国に生まれて日本を知らんのでは仕事はできない。だからいまから本を読むんだ、と家学にしばられず、自由に読書ができるようになったことを喜んでいるようでさえある。

モダンだった皇国と尊皇

彼はその読書のかたわら文之進、梅太郎らを集めて読書講義を始めた。彼をよく知る人々にとっては彼は罪人でありながらも師であったのである。

とはいえ『日本書紀』は歴史書というよりは古代天皇家が編纂した政治神学、即ち一種の宗教書だ。そうした非科学的な本でしか、日本の歴史を知ることができなかったのだから、時代とはいえ不幸だったとしかいいようがない。

しかし、ナショナリズムに目覚め始め、自分を取り巻いている秩序、幕府権力を否定しようとする下級武士には、最もピッタリな本だったろうと思われるのだ。そして、皇国とか尊王とか神州などという言葉は当時としては耳新しく、きわめて刺激的だったに違いない。ある意味では革命的な言葉だったのである。しかし、どう考えても『日本書紀』のような本では西欧の侵略に対して闘うためにも人民の生活のためにも役立ちそうにはないのだが……。

その年の6月、ロシアの艦が下田に来航。8月、オランダ商館長クルチウスが幕府に明年、アメリカの使節が開国を要求するための来航を予告。幕府はそれを無視。

皇国──日本国の異称。天皇の統治する国。"すめらみくに"ともいう。15年戦争中は日本の軍隊を皇軍といった。

神州
古くからある言葉で、江戸中期、日本は神々の住む国だとする国学、神道の興隆とともに知識階級のなかに広まり、幕末になって神の国日本の地に夷狄を入れるなという魔術の言葉になった。そして15年戦争が終結する敗戦の日まで多くの日本人の心に定着した。神の国、世界唯一の国家に生まれた民族だというプライドが幕末変革のエネルギーにもなったが、第二次大戦に突入した愚かなエネルギーにもなったのである。

士籍を削り、家禄を没収し召し放ちに処する。して身柄は父・百合之助の育みとする

嘉永5年12月9日、脱藩の罪に対する判決が下った。士籍と家禄を取りあげられて、身柄は父の育みとなった。育みとは長州藩独特の制度で藩の公式の居候、厄介者といったものだ。したがって浪人ではない。一応形式的には長州藩士である。しかし、その判決と同時に藩主から、10年間学問修業のために旅にでたいという願書を父・百合之助から藩に提出せよとの内意が通達された。たてまえはたてまえとして敬親は、なんとか松陰を救済したかったのだろう。この辺が若者を大切にする長州藩らしいところだ。翌年1月16日、諸国遊学の許可がおり、松陰は同26日再び江戸に向かって出発した。江戸到着は5月24日だから、かなり余裕のある旅だ。彼は各地の産業、旧跡、著名の士などを歴訪している。だがとくに啓発された様子はない。ただ驚いたのは武士の財政が苦しいとはいえ、先祖が命をタテにかちとってきた絶対の身分を金銭で売買している者がいるという現実だった。

封建体制の根幹である身分制、階級制度の秩序が支配階級である武士の手で自ら崩されているのだ。武士の存在に疑問をもちながらも、誰よりも武士であることに誇りをもち、正しい武士像を求めていた松陰にはショックだった。

武家社会

すでに幕藩体制は、外部からの侵略や銃火によってよりも、圧倒的多数の人民の窮乏化と、一部商業資本家の力の増大、そして藩財政の窮迫化などの内部矛盾で急速に瓦解の度を速めていたのである。人民の疲弊、下級武士の困窮化は日本全体をおおっていたのだ。

「人々はみな海防海防と言わざるはなし、然るにいまだに民政民政という人のあるのを聞かず。それ外患内乱かならず相因よることなれば、海防民政兼ね備うべきこともとよりなり」、

と旅先から兄に手紙を書いているが、松陰の眼は常に内と外に向けられているのが特徴である。その彼が江戸へ着いたのはペリーが日本へ来航する10日前だった。

「海防民政兼ね備うべきこと、もとよりなり」

時代に対応しきれぬオツム
世をひねた眼
栄養失調気味のホホ
武士は喰えない高楊枝
銘はTAKEMITSU

の崩壊

嘉永6年6月3日、アメリカ東印度艦隊司令長官ペリーは軍艦4隻をひきいて浦賀に来航、幕府に対して正式な国交を迫った。これまでも何度か外国船の到来もあり、オランダ国王から諸外国との開港を推める利を説いた親書も貰っている幕府は、この日のくることを知らなかったわけではない。だが頑迷な幕府は、これに対するなんの応策も準備もなかった。そのため幕府は浦賀奉行に命じて、わが国が鎖国を法とし、外国との交渉はすべて長崎でおこなっていることを説明したが、ペリーは「私は国交を

10倍にはね上がった武具、火薬の値段

求める大統領の国書をもって来日したのだ。もし、それを聞き入れない場合は武力に訴えてでも将軍に手渡すつもりだ」と軍艦の砲門を開き、居すわって動こうとしない。

法的にはその要求を拒絶し、従わなければ武力で追い払うのが幕府のとるべき道である。だが幕府には黒煙をあげて迫る鉄張りの船を打ち払う近代的な戦闘力も気概もなかった。

幕府の首席老中阿部伊勢守正弘は、戦って勝算なく、かといって独断で祖法を破る勇気もなく、統制上の政治的配慮もあって事態の推移をみているだけだった。

浦賀から江戸へ約70キロ。その道を引きもきらず黒船の動静を伝える早馬が走り警固の命をうけた諸藩の兵が浦賀に向かう。その騒ぎのために町の武具、火薬の値は一度に十倍にはね上がり、ときならぬ賑わいをみせているかと思うと、荷物を背負ったり、車に積んで安全な場所へ逃げる者など、世はまさに物情騒然。

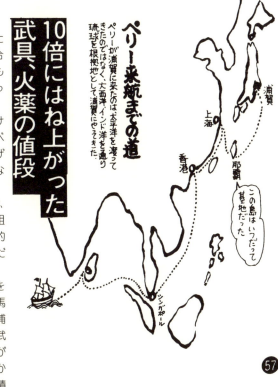

ペリー来航までの道
ペリーが浦賀に来たのは、太平洋を渡ってきたのではなく、大西洋・インド洋を通って琉球を根拠地として浦賀にやってきた。

心甚だ急ぎ、飛ぶが如し

<small>ただし、浦賀まではまる一日かかったんだって</small>

松陰がそれを知ったのは翌日の４日、
「私只今より夜船にて参りし候、海陸共に路留に相成るべくやの風聞にて、心甚だ急ぎ飛ぶが如し、飛ぶが如し」。
これは浦賀に向けて出発する直前に友人宛に書いた手紙の一節だが、黒船来航の報をきいて波立っている松陰の感情が伝わってくるようだ。彼は藩から命令をうけたわけでも依頼されたわけでもない。只一人、夜を徹して歩き、船に乗り浦賀へ着いたのは翌５日の夜だった。そして翌朝、その報を聞いて浦賀に来ていた師の象山と黒船の見える山に登った。

「今朝、賊船の様子相うかがい候ところ、四艘、陸を離るること十町以内のところに緊迫し、船の間相距ること五町ほどなり、然るに此の方の台場筒数（大砲）甚だ少なく、徒らに切歯のみ。旦つ聞く、賊船の方が申す分には明後日昼九つ時（正午）までに願書（国書の件）の事お免これなく候えば船砲打ち出し申す由、申し出たる段相違これなく候。……朝夕、賊船打砲（空砲）いたし、禁ずれども聴かず、佐久間ならびに塾生など、その他好事の輩多く相会し議論紛々に御座候。……この度のことなかなか容易に相済み申すまじく孰れ交兵（戦争）におよぶべきか。しかし船も砲も敵せず、勝算甚だ少なく候。御奉行その外下曽根氏（幕府役人）なども夷人の手に首を渡し候よりは切腹つかまつるべくとて頻りに寺の掃除を申し付けられ候。佐久間は憤慨し、事ここに及ぶは知れたこと故、先年より船と砲との事やかましく申したるに聞かれず。いまは陸戦にて手詰の勝負の他これなくとの事なり。なにぶん太平を頼み余り腹つづみをうちおり事ここに至り、大狼狽の体、憐れむべし、憐れむべし……これにて日本武士、一へこ（褌）しめる機会きたり申し候。

日本外交のパターン たぶらかし政策

賀すべきも亦大なり」（6月6日友人宛）。武力を背にしたペリーの恫喝外交を前に、なんの対応もできず狼狽している幕府、その両者の態度に悲憤慷慨している象山や若者たちのさまをこの手紙は伝えている。

ともあれ祖法を守って幕府は戦うものだと誰もが思っていた。だが松陰は「船も砲も敵せず、勝算甚だ少なく候」と戦いの結果には絶望的だ。でも彼は和平を望んではいない。むしろ戦いを切望していた。世界の大勢を知らず、知ろうともしなかった幕府および武士どもを覚醒させるには外国の武力、文明、文物の集中的表現である戦火の前にさらすことが最も早道だと考えていたのである。だから「賀すべきも亦大なり」と、その機会が到来したことを歓迎さえしているのだ。まさにそれは変革者の思想である。だが彼の期待は裏切られた。

6月9日、幕府はペリーの申し出に屈して久里浜（神奈川）に設けた接見所で"国書"を受け取ったからである。そして、その回答を次期の来航まで延期した。といって次の来航までに明確な回答ができるという、なんの目算もない、その場しのぎの無責任で拙劣な交渉である。

私の任務は国書に対する貴国の回答をもらうことだ!! 来春又来る故、しかとした返事をうけたまわりたい

御期待にそうよう努力しましょう ちょっとききますが今度も軍艦といっしょに来るの??

of course 御希望であれば全艦隊でもひき連れて参ろうか!

　18世紀の中ごろまでヨーロッパの各国は、まだ農業国だった。それが海外へ領地、植民地を求める侵略国となるのは蒸気船の発明によってである。
　1807年、初めてアメリカのハドソン川に浮かんだ蒸気船は半世紀後には木造から鉄船に変わり、大型化し数十門の砲を積める軍艦を建造するまでになっていた。ヨーロッパ各国は先を競ってその船を七ツの海に航行させたが、その眼はすべてアジアに向けられていた。イギリスはフィリピンを攻略し、続いてインドムガール帝国を従属し、そして中国とその魔手をのばし、出遅れたフランスもインドシナから太平洋を北上し侵略の牙を琉球に向け、しきりに通商を迫っていた。
　また1783年、イギリスから離れて独立したアメリカ合衆国は、その後急速に発展し、交易面でも独自な活躍をみせていたが、その交易をより発展させるために彼らが求めていたのは自国の自由になる港だった。さらに捕鯨業の盛んだったアメリカは、その寄港地がどうしても必

要であった。

ペリーが来航する以前に、すでにアメリカ政府は日本との通商条約を締結させるために1845年（弘化2）と1846年（弘化3）の二度、全権大使を日本に派遣している。だが、彼らは二度とも日本が開国をする気があるかどうかを打診しただけで帰国した。これで徳川幕府は安泰だったが、アメリカ政府では、その外交交渉が軟弱だという声があがり、遂に武力に訴えてでも日本を開国させるべきだという政府決定になったのである。

南からイギリスとフランス、東からアメリカ、北からはロシアということになるが、資本主義国としては発展がおくれていたロシアは、クリミヤ戦争など自国の問題でいっぱいで、太平洋上への進出はおくれていた。しかし、関心がなかったわけではない。むしろ19世紀初頭における日本との紛争がもっとも多かったのはロシアであった。

そんな様では異人さんにナメられるよ

その場しのぎの交渉を"ぶらかし政策"という。以来この方式は幕府外交の常とう手段となり、昭和の現在もなお続いている日本外交のパターンである。

この日ペリーは、日本武士5000人が見守るなかを水兵、海兵隊、軍楽隊300人をひきいて上陸し大統領フィルモアの国書を幕府に手渡した。この光景は阿片戦争でイギリスに屈した清国政府の調印の図を松陰に思い起こさせた。幕府は完全に統治者としての無能力を暴露し、これまで「夷狄怖れるに足りず、吾れに備えあり」と揚言してきたことが、いかに空疎なものであったかを天下にさらしたのである。

「これ、いかでが醜虜（夷人）の侮を招かざらんや」と嘆く松陰の思いは痛切であり、日本危うしという思いも現実のものとなった。ではどうしたらいいのか、彼が考えたのはその一事である。そして出てきた結論は、国を憂える人々のすべてが、それぞれの能力を発揮し、国の危難を救うために懸命に努力すれば、一度は外敵に土地が蹂躙され、民の惨禍がひどくなっても、

「長防二国なお能く西隅に屹立し、もって天下の望みをかけて、その辱めを清め、その患を除く、亦あてにすべきなり……」長州と兄弟藩である周防が先頭に立ち、国を憂える人々と共に闘うならば、その災禍を除くことができると松陰は主張した。

長州と支藩の周防だけで外敵を討つことができるというのは楽天的過ぎ、自藩を評価し過ぎているが、それに続く文の中で、

「古今昇平（平和）三百年、俯察仰観するに漸く変革の勢い兆す。変革の勢の由ってくるところは漸なり、固より一日に非ず」と鋭く時代の動きを洞察している。

松陰は身を寄せている鳥山新三郎の塾や象山の塾で、浦賀でみてきた事実を語り天下の政局について論じた。危機感の強弱、認識の差異、対応の違いはあったが、こころある若者たちの関心はこの一点に集中していた。

古今昇平（平和）三百年、俯察仰観するに漸く変革の勢い兆す。変革の勢の由ってくるところは漸なり、固より一日に非ず

息の切れたる病人（幕府）の再生は六ヶ敷（むつかし）かるべし

幕府は祖法を破り、夷狄をしてこの神州の清地を汚し天下に醜をさらした。そうした幕府の失策は積年の病弊であって、もはや息の切れた病人のようなものだと松陰はいう。アメリカの来航を"変革の兆し"とは思わぬにしても、急進的な攘夷武士の考えは幕府の弱腰に対する怒りでは一致していた。そのため幕府は6月8日、水戸斉昭を対外問題顧問に起用した。攘夷にもっとも熱心な斉昭を起用して攘夷派の口を封じようとした老中阿部正弘の策略である。すでに斉昭は「ことここに至った以上、みんなと相談して決定するほかあるまい」と腰砕けになっていた。

続いて13日、それまで全く無視してきた朝廷に対し、アメリカ艦隊来航のことを奏上した。これも江戸中期以降、とくに外国船が日本沿岸に出没するようになってから水戸学、国学などを思想的背景に急激にインテリの間に広まってきた皇室尊崇の世論を利用しようとしたのだ。また7月1日、幕府はアメリカの国書を諸大名や幕臣に示し、対策について諮問を開始、ついで町の学者など一般の人にまで意見を述べるよう通達した。

幕府はその祖家康が1603年に江戸に府を開いて以来、徳川家のために存在してきた。幕府の最高の権力者である

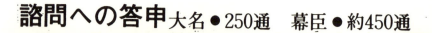

開国か鎖国か！

じゃんけんポン！
グーチョキパー
グー
パー

国論は開国と攘夷 和戦両様に分裂した

この諮問をもって開国に国論を統一し、対外問題を一挙に解決しようとした阿部のもくろみは見事にはずれた。しかも幕府はこのことで、自らの政治能力の欠如、独裁政治の破綻を天下に示し、幕府の政治に諸藩主および朝廷の介入を許し、幕政の批判者、志士といわれる活動家を産出する場を与えたのである。なぜなら諮問は幕府の行き詰まりの表現である。その破綻は圧政下にあえいできた人々の出口にもなる。幕府はそれらの人々にものを言う機会を与えたのだ。黒船の来航は、まさに時代の引き金だった。

こんな案を大名や幕臣が寄せて来たんだって

ボクがいま考えてるのは世界戦略のプログラミングだ。

諮問に答えたのは藩主でなくそのバックにいる有力藩士だった

諮問に答えた藩主の意見の多くは藩主のものではなく、有力な家臣の意見だった。藩主のほとんどが無能でお飾りでしかなかったからである。したがって幕府政治への諸藩主の参加は地方藩士の参加だともいえる。もちろん藩は、藩内事情、政治条件でそれぞれ主張が違う。ただ幕府の専制のゆるみが、その主張の違いを大きくし、それを反映するように各藩内とも進歩、保守、上士、下士の対立、または党派の発生、分裂を生んでいくのだが、時代に鈍感な藩はそうした対立も分裂もなかった。

しかし、そうしたなかで国を憂える志士たちはペリーの来航を機に藩の枠を

松陰は幕府に渡されたアメリカの国書を読んだ。その感想を兄への手紙に、「幾重復読つかまつり候ても一として許允せらるべき箇条これなく、もし、これが許允あるようにては天下の大変……」だから朝廷も幕府も、この屈辱的な要求を拒否するに違いない。そうなれば来春のアメリカ来航とともに必ず戦争が起こるだろう。だがそのときは江戸は総崩れ勝算はない。それに勝つには長州藩が先頭に立つほか方法がないと書く彼は、藩主敬親に対し、アメリカを迎え撃つ意見書を提出した。彼はそのなかで、天下は幕府の私有物ではないと断言（この時代はこの一節だけで死罪だ）、幕府の専横と軟弱な外交を攻撃。来春に備えて藩政の改革と洋式を採用した軍備の近代化と強化を主張。それを早急におこなうには現在の藩は上意下達、またその逆もスムースにいってないから藩の内外から人材を登用し、衆議によって大事を決定せよ、と大胆に建言している。そして最後に「内外の状態を熟察するに、天下の時勢は必ず一変するに至るべし。

天下は天朝の天下にして乃天下の天下也、幕府の私有に非ず

天下の時勢は必ず一変する

甚だ過慮（思い過ごし）に似たれども一変後の措置またあらかじめ論定せずんばあるべからず」と予告している。その予言の正確さは驚くべきものだが、僅か10カ月で装備を近代化せよという主張は現実無視もいいところだ。

外夷の襲来を支配階級（武士団）の覚醒を促す最大の機としてとらえる彼の眼は〝天下の大乱があって初めて抑圧された民がよみがえる〟といった毛沢東とおなじ視点である。が、松陰はこのとき弱冠24歳だ。天下の変革遠からず時勢を洞察する鋭さをもっていても多分に観念的であり楽観的だ。それは長州藩のみで天下の事が成ると考えていることでも首肯できるだろう。

したがって彼の主張は理論が先行して実用効果がうすい。いうなれば頭デッカチなのだ。だが松陰の特質は、理論をためらうことなく実践に移すことである。

密航は天下の国禁 渡航は松陰の自由

ペリー騒ぎの余燼もおさまらない7月18日、ロシアの使節プチャーチンが、軍艦4隻をひきいて長崎に来航。彼もまた国交を求めて居すわったまま2カ月を過ぎても動こうともしない。

9月18日、松陰は江戸を発って長崎に向かった。目的はロシア艦に乗り込みその地で進んだ文物や兵学を学ぶためである。それを推めたのは象山だ。ヨーロッパで一番立ち遅れていた野蛮国だったロシアを、一代で近代国家に仕上げたペートル大帝に象山は心酔していたからだ。松陰にそれを見習わせようとしたのである。かねてから西洋のことを知りたいと願っていた松陰に異存があるはずがない。だが密航は国禁を破る大罪である。「禁はこれ徳川一世の事、今事の事はまさに三千年の皇国に関係せんとす。なんぞかえりみる暇あらんや」(兄宛)。国禁といっても徳川のためのものではないか、俺は日本のためにやるんだ、徳川の法なんかにかまっていられるか、と彼は考えていた。この壮挙は潰れた。

松陰が長崎に着く2日前の10月25日、ロシア艦隊は出航してしまっていたからだ。彼はただちに江戸へ引き返した。そして、その帰途には各地に同憂の士を訪ね、各藩連合統一戦線の自説を説き歩いたというから凄いエネルギーだ。

その挙空しくも松陰の着く2日前にロシア使節一行は出航したのでありました
デーン

そのころ志士の間では尊皇攘夷が共通のスローガンになっていた。"尊皇"即ち天皇絶対化である。彼らは、これをもちだすことで幕府権力を否定し、自分の運動を正当化した。また"攘夷"は、日本を神の国と考える思想で、無法に侵入してくる夷人から国を守るという素朴な民族感情にアッピールしたのである。だが松陰は単なる尊皇主義者でも攘夷者でもない。

「民を貴とし、社稷（国家）これに次ぎ、君を軽しとなす」、

徳川を否定するため担ぎ出された天皇

「君に大過あれば、則ち諫め、これを反覆して聴かざれば則ち位を易う」、と首位に人民を置き、次に国家を、最後に君主とする孟子の説を正しいとする彼の尊皇論は、それ自体が矛盾であり、いつかは清算をしなくてはならないものだった。それに較べて彼の攘夷論は無理がなく筋がとおっている。

「鎖国はもとより苟偸（一時のがれ）の計にして末世の弊政（悪政）なり」と姑息固陋な攘夷主義者を指弾し、

「……万国を航海つかまつり、智見を開き、富国強兵の大策相立ち候よう仕まつ

威しで開国するなど、民族の権利を失う亡国の道だ

りたき事に御座候」(『続愚論』)、という開明主義者でさえある。ただ阿片戦争などの事実から松陰は西欧諸国を無法な侵略者とみていたのだが、それがペリーの恫喝外交によってその正体を確認した。これに屈して開国することは民族の自立、自決、自由を失う亡国の道だと彼は考えていた。

その渦中にあって戦おうとしない者は「その罪、逆賊より百等よりも重きなり」というのが松陰の攘夷論である。

尊皇攘夷派の論客でありリーダーだった会沢正志斎の西欧認識は「夷蛮戎狄は偏気の国なれば……夫婦の間も別なく、長幼の序なく……善悪邪正の差別もなく……禽獣に均しき風俗」だという珍無類なものだ。おそらく他の攘夷論者も、これと大同小異だろう。なかには外敵によって自分たちの封建支配秩序をおびやかされるという恐怖からの攘夷論者もいた。それらに較べて松陰の攘夷論は、はるかに現代に通じる民族主義的原則にたっている。だが、さまざまな違いがあるにしろ尊皇攘夷のスローガンは藩を越え民族統一の機運を醸成していったのである。

安政元年（1854）1月16日、予言したとおりペリーは、軍艦4隻と輸送船3隻をひきいて来航、羽田沖に碇泊した。その間7カ月、なんの方針も決定していなかった幕府は、朝廷に無断で、アメリカの要求するがまま3月3日、国法を破って下田、箱館を開港。薪水、食料、石炭の給与、そして12カ条の神奈川和親条約を締結した。これが日本が世界の舞台に登場した第一歩である。

国法を破り、日米和親条約の締結

攘夷志士らは"幕府横暴""朝廷無視"と怒りを激しくした。その思いは松陰もおなじだった。が彼は、それは世界の大勢であり日本の現実だという認識があった。彼が再び外国密航を企図したのは、その騒ぎのさなかである。

友人が集まった席で松陰はこの企てを語った。宮部はじめ友人たちが成功の望みはほとんどなく、失敗すれば必ず

死を決意した再度の密航計画

一命を落とす。暴挙だと反対した。幕府は衰えたとはいえ松陰ひとりを殺すなどものの数ではなかったからである。が松陰は世界の大勢を説き、異国を見ることこそが急務だと自説を主張した。「固より自ら期す、一跌し失敗）して首を鈴ヶ森に梟することを。然れども諸君、今日より各々一事を成して国に酬いば、その間成敗なきに非ず云うとも、なんぞ国脈を培養せざらん」、と死を決意した自分の覚悟を語り、君たちも幕府によって罪禍をうけることもあるだろうが、失敗成功を度外視して自分の信じることを成して欲しいと後事を託している。

学問は実践するためにあるという王陽明の説を信奉し「身を殺して仁を為す」（論語）という精神こそが武士のものであると考え、事の結果よりも行為と行動に価値をおく松陰は、3月5日、弟子金子重輔とともに江戸を発ってアメリカ艦隊が碇泊している神奈川に向かった。

止めてくれるな宮部殿　行かねばならぬ　行かにゃ男の義が立〜ぬ！

「キッ」「武士は身を殺して仁を為す」

おいよせよ命はならぬ暴挙だ

失敗につぐ失敗 そしてその果ては……

重輔は商人の子だが、松陰の友人鳥山の塾で学んでいた。そこで松陰の計画を知り強行に同行をせがんだのである３月６日、ふたりは藩命で沿岸警備のために神奈川にきていた象山と逢い船に乗り込む策を練った。しかし、散歩中のアメリカ水兵に依頼の手紙を渡そうとしてうまくいかず、艦に近づくために傭った漁師には決行直前に断られ、小舟をみつけて夜になって漕ぎ出そうとして行ってみると、それがなかったり、ことごとく失敗してアメリカ船に近づくことさえできなかった。

そうこうしているうちにアメリカ艦隊は13日、下田に移動した。ふたりは陸路それを追った。だが下田でも状況は変わらなかった。むしろ不穏な行動が周囲に怪しまれるだけだった。日は過ぎ去っていく。彼らは焦った。

江戸を出てから24日目、遂に決行の日がきた。３月27日の真夜中、海岸にあった舟を盗みアメリカ艦隊のいる沖に向かった。だが松陰は満足に漕げない。しかも、その舟には櫓を繰る

当時の下田

心も踊るが体も揺れるなあ

吾等は米利堅に往かんと欲す
君幸いこれを大将(ペリー)に講ぜよ

に必要な櫓を止める杭がなかった。松陰はそのときの様子を「潮進み舟泛べり、因て押し出さんとて舟に上る。然るに櫓杭なし。因てかいを褌にて縛り、舟の両旁へ縛りつけ、金子と力を極めて押し出す。褌断ゆ、帯をときかいを縛り、また押しゆく。岸を離るること一町許り『ミシシッピー』船へ押付く。是までに舟幾度か廻り廻りしてゆく。腕脱せんと欲す」と――。

だが、ようやくのことで辿り着いた船には日本語も漢字もわかるものがいなかったので、またペリーのいる旗艦まで漕がなくてはならなかった。
やっとのことで辿りつき船上の人となったふたりに通訳はペリーの意志を小官としては、吾国に来て学びたいという貴君らの志は誠に嬉しい。しかし「横浜にて米利堅大将と幕府全権は,米利堅天下と日本天下の事を約束す。
故に私は君の請を諾し難し、少しく待つべし、遠からずして米利堅は日本に来り、日本人は米利堅に至り両国往来する同国の如くなる道開くべし」と、結んだばかりの条約をたてに乗船を拒否した。

しかしなあ
いかにフリーの国でも
フリーマラではなあ

このまゝ
帰ったならば、
死罪となりましょう
どうか、お連れ下さい.

波は荒いしフンドシは切れるし

4月、松陰と重輔は両手、両足に足かせ手錠をかけられ江戸に護送され伝馬町の獄に入れられた。隣室の牢には象山がいた。松陰に贈った送別の詩などが漂流していた小舟（下田）から他の荷物とともに発見され、密航を煽動、共謀したという罪で逮捕されていたのである。

松陰は象山がこの件には関係がないことを証明しようとしたが、象山は、堂堂と俊秀な青年の海外見聞が日本にとって必要、現在の急務であることを主張して幕府の姑息を責めた（その師にしてその弟子あり）。

9月18日、幕府は松陰に国もとにおいて蟄居せよとの判決を降した。思ったより軽い刑だ。象山も同じ刑だった。

有為な青年を海外へ送り、諸外国の実情を知るが先決、自らの手で国法を破りながら、人民を責めるとは何事じゃ

先生には関係ありません

それもそうじゃがまあ穏便に済まそう国許でおとなしくしておくれ

「英雄一度その志に失敗せば、彼の行為は奸賊、強盗の行為を以って目せらる。吾らは衆人の目前において捕えられ、縛められて久しく暗然のうちに幽閉せられたり。村の長老は侮蔑をもって吾らに遇し、吾らを虐待することに実に甚しきを極む。而して今や吾ら六十余州（日本）を踏破するの自由は、吾らの志を満足せしむるに能はらざるが故に、吾らは五大州（世界）を周遊せんことを願へり。これ吾らが宿昔の志願なりき。而して吾らが多年の計策は一朝にして失敗せり。吾らは、陋屋の中に禁錮せられ、飲食、休息、座臥、睡眠、すべて困難なり。吾らは圄圉より脱するの能はず。泣かんか愚人の如く、笑わんか悪漢の如し。嗚乎、吾らはただ黙して已まんのみ」

これは様子をみにきたアメリカ士官に松陰が獄にあった板に書いて渡したものだ。もちろん、書かれているものが、どんな内容であるかわからなかったが、士官は死を覚悟して獄中に座る松陰の毅然とした哲学者的な姿勢に感動した。その報告をうけたペリーは、彼を救助しようとした。だが松陰は江戸の獄へ移されたあとだったという。

男は黙ってレボリューション

かくすればかくなるものと知りながら已むに已まれぬ大和魂

9月13日、松陰と重輔は唐丸籠で萩に護送された。宿泊も宿の土間に置かれたまま籠の中ですごすという酷い扱いである。とくに百姓身分の重輔の扱いは惨酷だった。虚弱な彼は伝馬町の牢で身体をこわし下痢で苦しんでいたが、薬どころか、用便のために籠から出ることも許されず、着ているものもそのままなので、惨状は目をおおうばかりだった。松陰は護送の役人を呼んで、重輔の着替えを頼むのだが「法が許しませぬ」と答え、応じようとしない。遂に松陰は自分の着物を脱いで役人に渡し「金子に着せてくれ」といった。松陰は肌着だけである。旧暦の9月は、いまの11月だ。街道の風は冷たく、初冬に近い。だが重輔は、「先生を凍えさせて自分だけが着用できませぬ」といって身につけようとしない。

そのため役人は相談して藩給の綿入(わたいれ)を重輔に与えた。が、すでにおそく重輔の病は重く、翌年の1月11日、萩の獄で短い生を終えた。

一百姓の子、重輔が学問を志し、江戸に出て松陰に逢い、死を覚悟して国法を犯し海外に雄飛しようとした事実は、単なる青年の野望というよりも、被支配階級の新しい血が、封建の秩序、階級を超え動きだしたことを示すものだ。

だがペリーの来航によって大変動を起しているとはいえ、大名に対する幕府の権力は絶対である。幕府は息の切れた病人のようだという松陰でさえ、その力を「幕府は衰えたりと雖も、天下列藩主相の賢否、武備の強弱、一々詳審、批掌に在るが如し、天下の人材江戸に群集し、府廷の人材、列藩のおよぶ所に非ず。故に善く列藩の上に立ちて、天下の事を宰成するに足りて、天下列藩一も違言するもののあることなし」と、現実的に力を評価し、天皇と協力(公武合体)して政治をせよ、といっている。ましてや、そのころの長州藩は、保守派が藩政府の主流であり、幕府を怖れることでは他藩なみであった。松陰や重輔の扱いが過酷だったのも、そこに原因があるのだ。

野山獄入牢

藩官僚は藩から大罪人をだしたというので幕府を怖れ、萩に護送されてきたふたりを10月24日、松陰を武士牢の野山獄に、士分でない重輔を百姓牢の岩倉獄に入れた。

野山獄には、ただ一人の女性高須久子を含めて11人の在獄者が独房に起居していた。そのうち官の責めをうけて入牢しているものは僅かに2人、あとは兄弟、親戚などから疎じられて、ここに閉じこめられている、いわばこの世からはみだした人々である。したがって刑期がなく、生きて獄の外へ出る望みを断たれた永遠の囚われ人なのだ。それだけに在獄者の絶望感は底知れず深く暗かった。なかには在獄すでに49年、76歳の老人もいた。「余、嗟愕して泣下己れも亦その徒たるを悲しむに暇あらざるなり」、と彼は自分もおなじ境遇であることを忘れ、その人々の身の上を思って涙を流すのだが、松陰の松陰たるところは、いたずらに嘆くだけでなく、

「……ここに於て義を講じ、道を説き、

獄舎を福堂に変えた松陰の感化力

相ともに磨厲（磨いて）し以て天年を歿せんと期す」、
と決意し、ただちに実践に移した。
肉親から疎外され、人間を呪い、獄の中で、ただ死を待っている人々とともに人間の道を学び、互いに切磋琢磨しながらこの獄で一生を終わるのだと覚悟した松陰は、まず書道や漢語の出来る富永有隣（在獄4年、36歳）に書道を教えて欲しいと申し込み、次は吉村善作（在獄7年、49歳）と河野数馬（在獄9年、44歳）に俳句を習い、人々にも推めた。

「……志を同じカを叶へ、獄中に風教を興し候つもりにて、吉村は発句を以てし、頑弟（松陰）は文学を以てし、ほかに富永、書法を以て人を誘し候。今はこの三種の内に何か学び申さぬ人はこれなく、孰れも出精の趣なり、この勢にて三、五年過ぎ候えば必ず大いに観るべきものこれあるべくと相互に喜び居り候」（兄宛）。
とまるで学生が新しい仲間を発見し、研究会でも始めたような希望にあふれた手紙である。

できることから皆で始めよう。もっと光を、連帯を‼

僕は論語を説こう

儂は書道と漢詩を

富永有隣

河野数馬

じゃあ 私共は俳句を

吉村善作

ハイ光です

司獄長 福川犀之助

こんな人をこそ僕らの世界に入れたい

連帯

人々の心は変わり獄風は改善された、まさに人間革命である。

ボクの人間革命はうまくいかなかったのに

女性囚・高須久子との交友

「高須久　安政元年松陰が野山獄に入りたる時の同囚にして獄中唯一人の女囚なり、当時三十七歳在獄二年なりき。藩士高須市之助の妻なりしが、寡居後素行上の罪ありて投獄せらる。松陰はこの女性も獄中教化運動に導き入れたり、往復の和歌数首あり」と『吉田松陰全集』所収の"関係人物略伝"に書かれている高須久子は、獄中ただ一人の女性であるとともに松陰が、関わりをもったただ一人の異性である。

久子は長州藩馬廻り役などを勤める高禄藩士の高須家（300石）の娘だが、養子に迎えた夫市之助が亡くなってからは、生来の芸事好きもあって浄瑠璃や京歌、そしてチョンガレなどの"はやり歌"などに凝りはじめた。それでさえ武士の妻としては問題なのに、彼女はそれを楽しむために"芸事"に達者なものを家に呼んで酒などをふるまったり、夜おそくなると泊めてやることもあった。しかも、これらの諸芸能は被差別部落の人々の職となっていた。久子のもとに出入りしていたのもこの人々である。はじめは彼女に招待され彼らの演じる人形芝居や手踊などをともに楽しんでいた近所の人や親類の人も、それがたび重なり、ときには泊ることもあるときくと放置できなくなった。もちろん何度か忠告もした。しかし、久子は止めなかった。そのため親類が集まり嘉永4年（1851）、彼女を野山獄に送ることを決定したのである。彼女の行状について「穢多之者取扱候儀はたとえ凡下たりとも厳重相阻処……平人同様之令取扱候付……親族之面皮もこれなき次第、女儀とは申しながら諸士として非合法之至」と藩の記録にあるが、彼女は被差別部落の人々と交友をもち、これと愛を通じたと思われたために獄送になったのである。彼女はそのすべてを松陰に語ったに違いない。身分秩序を越えて人間を人間としてみる松陰は彼女のこころを理解できるたった一人の男だったろう。

この獄は家族の借牢願いで収容されているということもあって、規制は比較的ゆるやかだった。とはいえ牢獄だ。燈火はもちろん、紙や筆のもち込みには制限があった。だが松陰の人格に感化された司獄長福川犀之助は、獄禁を破って燈火を許し、筆、紙、書籍などの制限をゆるめ、自分も弟とともに廊下に正座して松陰の講義をきいた。

松陰は兄への手紙に獄の生活が忙しく読書が思うように進まないと嘆いているが、彼は1年間に一千巻の書を読破するつもりだったからだ。それは知識欲というよりも、すべてを奪われた獄で、これまでの自分の生きかた、考えかたが人間として間違いでなかったかどうかを省察するためだったと思う。それは次の「群夷（西欧）競い来る。

日短く、天下の書多く獄中寸暇もなく困り候

快挙!! 同囚七人を釈放

国家の大事とは言えども、深憂するに足らず。深憂すべきは人心の正しからざるなり」と言っていることでも明らかだ。彼は、国が異国から侵略されることより、人間が正しく生きる心を失うことのほうが憂慮すべきことだと考えていたのである。

在獄1年2カ月、藩は病気保養の名目で松陰を獄から出した。そのあいだに獄内で討論し、講義したものをまとめたのが『獄舎問答』『儲糧話』『講孟余話』などの著作である。制約された獄内で、しかも短日のうちにと驚くが、なににもまして評価すべきは獄の空気を変え、生きる希望を与え、藩政府に交渉して同囚のうち、7人の釈放をかちとったことだ。世界史上でも希有といっていいこの事歴は、松陰の人格と、人間に対する燃えるような愛の成果を証明するものだ。

しかし現代に目を転じてみると「良心の囚人」といわれる人々が時の権力の都合のよいまゝ逮捕・拘禁されている

韓国の金大中氏徐兄弟などその代表例である。

人民主義者への道程

出獄の期待できない獄内での、歴史書を中心とした彼の猛烈な読書も、同囚の人々との勉学も、看守の印象を好くするためでも、自分の学問をひけらかすためのものでもない。ただひたすら人間としての正しい道を模索するためのものだった。

国家よりも人間の存在を重く考える彼は、それだけに人間の生きかたを厳しく追求した。とくになんの生産もせず座食している武士について考えた。幕府を頂点とする武士体制は、人民を収奪、搾取し、生活を破壊して恥じるところがない。しかも朝廷から政権をあずかりながら外国の侵略者の求めるまま条約に調印する武士とはいったい何者なのだ。と彼は獄中で考え続けていたに違いない。

〈在獄一年二カ月、藩は病気保養の名目で松陰を獄から出し、父の元での蟄居を命じた。〉

トラが好きだったのは肉だったっけねー

獄を出ても父のもとでの蟄居を命じられた松陰は、屋敷の外には一歩も出ることを許されない国事犯だ。下田の渡航失敗から1年10カ月、その間、幕府は安政元年8月23日「日英和親条約」を調印、長崎、箱館開港。9月2日、オランダにも下田、箱館開港。12月21日「日露和親条約」調印。下田、函館、長崎開港。ひとたびアメリカと条約を結んだ幕府は、断る口実を失い次々に港を開いた。そして幕府も各藩も漸く松陰や象山が主張していた近代的な軍備が必要なことを認識し、門閥・系譜主義の枠を破って有用な人材の登用、洋式軍備の採用をはじめた。しかし、急激な軍備の強化は窮迫していた経済を、より悪化に追い込み百姓一揆などを各地に頻発させる要因となった。いろいろな意味で時代は大きく変わりつつあった。

思うまいと思っても又思い、云うまいと云っても又云うのは天下の事なり

思わない

思う

いまの日本に何が出来るのか 果たて銃を支えるのが得策か？？！！

10年は戦さはすべきでない、軍縮すべきだ

先生もお変わりになりましたナァ

獄中から時代の動きを全身で注視していた松陰もまた獄に入る前とは考えが変わっていた。かつて強行に武備の強化と交戦を主張し続けた彼が「西洋夷と兵を交うるが如きは十年の外に非ざれば決して事なし」(『獄舎問答』)と、10年に年限を区切ったにしろ戦争反対というふうに180度変貌。そして軍備についても、

「余の策する所は、武備の冗費を省き膏沢(恩恵)を民に下さんとあり、四窮無告(恵まれない人に)の者は王政の先にする所、西洋夷さえ貧院、病院、幼院、聾啞院などを設け、匹夫匹婦(平凡な男女)もその所を得ざる者なきが如し、いわんや吾が神国の御宝(農民)にし犬馬土芥の如くして可なんや……」
(同上)。

と、時代の潮流にさからって縮小論を展開、その金を人民にまわせと主張。

余の策する所は武備の冗費を省き、膏沢を民に下さんとあり、四窮無告の者は王政の先にする所

「今すでに天下の大機を失う。まさに砲を鎔かして銭となし、弾を熔かして鋤となすべきときなり、然るに、なお株を守りて砲艦を急務と思うは、虚気の甚しきに非ずや」(同上)。

これは縮小論というより、人民の生活を優先する徹底した軍備放棄論である。開国し条約を結んでから艦だ砲だといっても後の祭りだ。戦う機を失ったのだから、人民の負担を重くする軍備など強化せず内政を整備せよ、という

専ら下を利するを務めて上を利するを務めず

のだ。
「もし田地少なく人民衆きに苦しむときは、塗師、番匠、鍛冶などの諸工作をなし、硝石、漆、油、蠟、紙、諸薬物などを製造せしめ国用に供し、あまりあるものは他国へ売り出すもまた禁ずることをなくし、専ら下を利するを務めて上を利するを務めず。かくの如くなれば、民富み国したがって旺盛す……これ民政の要、本を修むるの論なり」(同上)。

人民には殖産振興を促し、支配者の収奪を禁じる松陰は、より大きな視点で国と民族をみていた。彼は戦争によって国家や民族が簡単に滅亡するとは考えていなかった。戦争に敗れ、一時は他国に制圧されようと、多くの人民に民族と国家の自立を求めて決起する気概さえあれば、民族の滅亡はないと信じていた。ただ、そのためには人民が、守るに価する政治と生活がなければならない。だが幕府および諸藩の政治は、まったくといっていいほどそれが欠落

砲を鎔かして銭となし　弾を鎔かして鋤とせよ

している。日本の民衆生活は貧し過ぎる。現状より少しでも生活がよくなるなら、他民族の支配でも民衆は抵抗なしに受け入れるかも知れない。

松陰の危機感はまさにそこにあった。彼が痛切に政治の変革を望んだのはそのためである。

松陰の革命家たるところは、こうした視点で対外問題をとらえ、民族の滅亡亡国は民衆の意志によってきまるとした卓見にある。それは幕末の志士のなかで一人、松陰がもっていた眼である。

右翼思想の中興 幕末の天皇論

松陰にも盲点がある。水戸学に心酔していた彼は、幕末の志士のすべてがそうであったように、政治を変革できるのは天皇しかないと信じていた。
「この大八州は、天日（天の神）の開きたまえる所にして、日嗣（ひつぎ）（神の子孫―天皇）の永く守りたまえるものなり」（『講孟余話』）。

だが中世になって武士が政権を横どりしたので現在のような世の中になった。だから本来の姿にもどし、天皇を中心にした政治になれば、国家も繁栄し、人民も幸せになると彼はいう。
（日本の右翼は現在もなおこう主張している。また三島由紀夫（作家）もそう言って腹を切った。）
「普天の下、王土に非ざるなく、率土（大地）の浜、王臣に非ざるはなし」。

一君万民思想で政治を変え、人民の解放を!!

どんな土地も、偉い奴も、偉くない人間も、すべて天皇のものであり家来だという、この思想の前には大名も武士も百姓も一視同人、階級も封建支配の序列も完全に消滅する。この平等論は、当時においては恐るべき過激論だ。

松陰はこの思想を信奉し、これによって政治を変革し、人民を解放しようと思った。そのため灼けるような思いで天皇を恋し尊崇した。

別な言いかたをすれば、松陰は天皇が尊いから尊皇主義者になったのではなく、彼の思考する理想の政治を具現化してくれる万能の神として尊崇し絶対化していた。

しかし、彼の天皇への恋は当然のことだが完全な片想いに終わる。鎌倉幕府以来、700年以上も、政治から離され、伝統と風習だけを固守する生活を強いられてきた天皇には、松陰の期待する時勢をみる眼も、政治を改革する意図もまるでなかった。

攘夷思想とは異国恐怖心か!?

天皇がもっていたものは、松陰とは正反対で神の国、日本の地を夷狄の足で汚すなという頑迷な攘夷思想と、無知からくる異国恐怖心だけだった。そして、その攘夷思想と恐怖心をあおっていたのが、尊皇論の台頭に便乗して天皇を取り巻く公卿たちに接近してきた二流三流の攘夷志士らだ。そして朝廷の策はその便乗者どもの枠を一歩も出ていなかった。朝廷は幕府以上に無能だった。それを知った松陰は、「ついに恋闕（天皇への恋）の志も日をおいて薄くなり行くなり」、もはや手段もつきたと投げだしている。しかし、そうなるのは後のことで、出獄したころの彼は、アラー神に仕えるアラブ人よりも至純にして猛烈な尊皇主義者だった。

教授に能はざるも、ともに講究せん。

松陰は獄を出るや親戚の若ものたちに『武教全書』などを講義した。自分の語ることに耳をかすものがあれば牛馬にも話すといっていた彼は、自分の想いを誰かに話さずにはいられなかったのだろう。その噂をきき近隣の子弟が集まって出来たのが彼の"松下村塾"である。年齢は14～15歳の少年が中心で身分は魚店の子、寺の小僧、村医者の子などであった。

「天の才を生じるや貴賤を択ぶなく、士の志を発するや少長にかかわるなし(『丁己幽室文稿』)と、封建時代の人間には異常ともいえる身分や職業に拘泥しない平等観と人間の可能性を期待する彼は、入門を求めてきた少年に、師として教えることが出来るかどうかわからないが一緒に勉強しましょう、と丁寧に挨拶したという。そして、ときには畠に出てともに草を取りながら、また庭で角力とるなど、講義は自由でのびのびしたなかでおこなわれた。だが彼は、単なる知識としての学問を教えているのではない。理想の国家および正しい政治とはどうあるべきかについてである。

先生門人に書を授くるにあたり

また逆臣、君を苦しますが如きにいたれば、目眦裂け、声大にして、怒髪逆立ちするものの如し、弟子また自らこれを悪むの情を発す。

忠臣孝子身を殺し節に殉ずる等の事にいたるときは、満眼涙を含み、声ふるはし、甚しきは熱涙点々書にしたたるに至る。

真打ってえのは寅みてえな奴のことなんだぜなぁ小さん

ヘェ

志ん生
1890～1973

自分の意志を継ぐ革命家を育てたかった

自分自身が実践し、死線を踏み、そのためとらわれて幽囚の身にある師が、全身もって説くのだ。こころを動かされないほうがどうかしている。しかも相手は感受性が豊かな若ものたちだ。

「欣然（よろこび）措くに能わず、薄暮家に帰り、明日また至る」と、塾生活の楽しさについて弟子の横山幾太が、回想しているが、翌安政4年11月、宅地内にあった小舎を改造して弟子たちのために部屋をつくるほど弟子がふえた、といっても僅か八畳一室の小さなものだが。そして、その家は、ほとんど弟子たちと松陰によって建てられた手造りのものである（現代の教育に欠けているものが、すべて村塾にはある）。

村塾の若夫たち

吉田稔麿(としまろ) 出身 足軽
安政3年(1856)、15歳で入門。村塾三秀の一人。藩が諸隊徴募したとき非差別部落民の軍隊編成を建言、これを組織するなど、思想性が高く説得力、行動力ともに抜群。元治元年〈1864〉、京都で活躍中、新撰組の池田屋事件で重傷を負い割腹して果てる。23歳。

赤根武人(たけと) 出身 村医者
安政4年、19歳で入門するがその年、松陰の紹介で梅田雲浜に入門。安政の大獄で梅田がつかまったとき、これに連座。釈放後、江戸で英国公使館焼き打ち事件、奇兵隊創設などにも参加、またその総督になるが、隊の幹部と意見が合わず脱隊。慶応2年、藩政府から幕府内応の嫌疑をうけて斬殺された。28歳。

前原一誠 出身　陶器製造業
23歳で入門、幕末、倒幕に奔走。その才腕を認められる。維新後、参議、兵部大輔という要職につくが政府の主流と意見が合わず明治3年(1870)、辞職して萩に帰国。9年10月、反政府の軍を萩に起こしたが、僅か1ヵ月で失敗(萩の乱)。11月、捕えられて新政府の手で斬首、43歳。松陰の叔父玉木文之進もこの乱の失敗を苦にして自殺。

久坂玄瑞 出身　藩医
村塾三秀の一人。14歳のとき眼の治療で行った熊本で宮部鼎蔵から松陰の偉大さを教えられて入門。もっとも期待された弟子。鋭い論理、行動力、指導力は他藩の志士からも高く評価されていたが、元治元年7月、藩の過激派が起こした「禁門の変」の戦いで重傷を負い自刃。24歳。妻・文は松陰の妹。

高杉晋作　出身　武士150石

塾生中最高の家格だった晋作は、18歳の時久坂の紹介で入門。久坂と共に村塾の双璧と言われた俊秀。不羈奔放、明晰果断。英国公使館焼き打ち、馬関戦争講和全権、奇兵隊創設、藩保守政治転覆クーデターなどの企画者にして代表、実行者。そのあいだ脱藩、投獄逃亡を繰り返すが慶応3年（1867）、第二次長州戦争で各地の幕府軍を破るが戦中に病（肺病）が悪化して死亡。28歳。

品川弥二郎　出身　足軽

入門15歳。師の刑死の報とともに松陰を死なせた藩の責任を追及、ために謹慎処分を受ける。のちに倒幕運動に参加。戊辰戦争では各地に転戦。維新後、仏、英、独滞在。宮中顧問官、内務大臣、枢密顧問官などの顕職を歴任、明治32年（1899）、58歳で没したが、内務大臣のときの選挙干渉では悪名を残した。松陰にふかく愛されたというが、後年の彼にはそのカケラさえ感じられない。

入江九一 出身 足軽

晩年の松陰がもっとも信頼した弟子。安政5年（1858）、19歳で入門、松陰の入獄中、その志をうけて奔走中、幕府につかまり弟子と共に投獄。釈放後は高杉の奇兵隊の創設などに尽力、禁門の変で久坂が戦死したあと後事を託されて脱出しようとしたが被弾し重傷を負い、その場で切腹、26歳。明治の内務、逓信大臣などを歴任した野村靖は同門の弟である。

伊藤博文 出身 下僕

松陰の友人来原良蔵の紹介で16歳で入門。塾生のなかでも最も貧しく下級な身分。維新前の行動は高杉に従う。のち井上聞多と交わりイギリスへ密航する。のち政府の要職の全てを歴任。旧憲法を草案し初代の総理大臣に就任するなど、好くも悪くも近代日本の進路を決定した重要人物。明治42年（1909）韓国併合のために初代韓国統監に就任、その年の10月、満州（中国東北部）で併合に反対する韓国の民族主義者によって暗殺される。69歳。公爵。他民族を圧殺しようとした者が、民族の自立を願うものの手で殺されたのは、松陰の弟子としては、なんとも皮肉である。

山県有朋 出身 下僕

入門20歳。奇兵隊幹部。軍制面で頭角を現し、維新後は軍制の確立、徴兵令の制定など日本近代陸軍の基礎を固め、伊藤博文死後は軍事政事の両面で辣腕をふるい怖れられた。松陰の思想の臭いさえ感じられない、もっとも権力的な人物。大正11年（1922）、85歳で死亡、公爵。

天皇は人民の意志を代表する神か？

再び松陰の尊皇論を説明すれば、彼は天皇を絶対視していた。それは天皇が日本を創った神の子孫であるとともに人民の意志を代表する唯一の神だと信じたからである。時代の学問である神学、歴史書は彼の尊皇のこころを培養することに役立っても、これに疑問を与えるものではなかった。松陰が学んだのは人民への献身を惜しまなかった歴代の天皇の姿と、その天皇をもつ美しい日本国の姿だ。彼はそのありかたに感動した。これが本来あるべき日本の姿だと思った。それだけに人民への献身を忘れ、その意志を無視した政治を続ける幕府を許せなかったのだ。しかも幕府は天皇から政権を委任されている単なる代理者ではないかという思いがあった。したがって松陰の尊皇論は神の子孫だから尊崇しなくてはならないという水戸の会沢などとは決定的に違う。彼は天皇が人民の意志の代表する神であるが故に尊崇し、それを実現してくれる神として自分の全存在を賭けたのだ。

この姿勢は天皇のために決起し、天皇によって圧殺された二・二六事件の将校とまったくおなじである。

この乱世直すは天皇が政治を行わねば

所詮人間は時代の産物だもの

あれだけ読書してても そんな天皇観しか 持てなかったのかね

やがて天皇に裏切られるのに お目出度い人だよ 全く

先駆者の運命よ―

松陰の先見性は幕末、だれよりも早く「無能無材の士の俸禄を減らし、それをもって農兵徴募の資にあてよ。そうすれば無駄な兵も無駄な俸禄も少なくなり、国が困窮して弱兵ばかりということがなくなる」と農兵論を提唱していることだ。

それは近代的用兵論ではあるが、武士が兵であることによって生活し、存在してきた特権的地位を否定する危険な考えである。

高杉晋作に継承された農兵論（奇兵隊）

その考えは、封建崩壊過程における武士の無能ぶりをみていたからだという論もあるが、武士の子も百姓の子も区別なく机を並べる村塾の師、松陰には武士を特別な人種とみる眼をもたなかった。それに彼は、なによりも"特権"を嫌う人だったからである。藩は、この提案は無視した。だが、彼のこの意志は高杉晋作の、人民を結集して創設された奇兵隊として継承される。それは彼の刑死から4年後のことである。

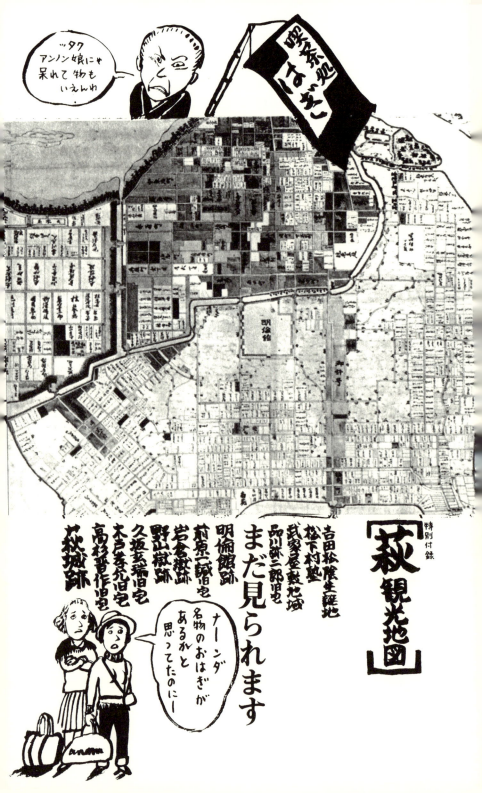

幽室の罪人があげた革命への狼火

「草莽豪傑、上天下諸藩と幕府を責め万々従はざれば、死をもってこれと争う、正義というべし」。

これは幽室の罪人、松陰があげた革命宣言である。そこに至る政治状況──

安政3年（1856）8月5日、アメリカ総領事タウゼント・ハリスが下田に到着、幕府に対して通商条約の締結と将

幕府は遂に鎖国の祖法を破って正式に開国条約に調印した。それを初めて幕府から勝ちとったのがハリスである。

52歳の敬虔なクリスチャンの彼は、ある野望と功名心に燃えていた。それは自分の手で、世界に門をとざしている東洋の野蛮国日本に文明を知らせてみせるという初期のアメリカ人らしい開拓精神だった。

安政3年（1856）7月、日本に上陸した彼は、行動範囲を29キロ以内に制限されながらも、頑迷な幕府を相手に辛抱強く執拗な外交を展開した。

幕府との交渉は、いちいち下田奉行を通してなので、その答が返ってくるまで何日もかかる遅々としたものだった。

それはカトリック教徒として独身主義を守る意志の強固なハリスとはいえ、焦燥と孤独な毎日だったに違いない。

安政4年10月7日、彼は日本上陸以来、1年3カ月を経て、初めて江戸に入る許可を幕府から得た。彼はその日の日記に「アメリカの国旗が私の行進の前にかかげられ、私は、これまで閉ざされていたこの国に、この旗をひるがえすことに、本当の誇りを感じた」と記している。

しかし、彼は江戸に行く途中の日記にこうも書く。「日本人はみなよく肥り、身なりもよく、幸福そうである。一見したところ、富者も貧者もない。——これが恐らく幸福の姿というものだろう。私は時として、日本を開国して外国の影響をうけさせることが果たして、この人々の普遍的な幸福を増進する所以かどうか、疑わしくなる」（『天皇の世紀』大仏次郎より）と……その見方は表面的であるにしても、ハリスには侵略者の面が少なかったことがわかる。そして、このような彼を世界最初の領事として迎えたことは日本にとって幸せだったと思う。

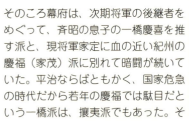

将軍の後継問題にゆれる幕府

そのころ幕府は、次期将軍の後継者をめぐって、斉昭の息子の一橋慶喜を推す派と、現将軍家定に血の近い紀州の慶福（家茂）派に別れて暗闘が続いていた。平治ならばともかく、国家危急の時代だから若年の慶福では駄目だという一橋派は、攘夷派でもあった。その代表の徳川斉昭、同慶恕、松平慶永、慶喜は条約調印の報をきくや、江戸城に上って井伊の処置を責めた。だが井伊は数日後、慶福を将軍の後嗣に決定したと公表すると同時に、この4人を「天下の御政道を批判した」罪で蟄居、謹慎を命じるという報復を加えた。

倒幕への道はまず、自藩の変革から

このことを知った松陰は、ただちに筆をとって「……墨夷に諂事（へつらうこと）して天下の至計となし、国患を思わず、国辱を顧りみず、而して天勅（勅許）を奉ぜず、これを政夷（将軍）の罪にして神人みな憤る。大義に準じて討滅誅戮（とうめつちゅうりく）して、然るのち可なり、少しも宥すべからざるなり」と書く。これは明確な倒幕宣言だ。それまでの彼は、幕府たのむに足りないとは言いながらも倒幕論者ではながった。支配者（幕府・諸藩士）が士道を自覚すれば変革が可能だと考えていたのである。その変革とは、

「君公、城を避けて徒居すべし……その番士衛卒は僅か百の一を存し、もってその余を休せしむ。……群臣の朝するや皆地に座して事に従う。雨ふれば即ち草鞋蓑生（そうわいさりゅう）……」

藩主に城を出て民衆のなかに住め、兵を百分の一に減らして他は休ませろ、雨が降ったら蓑を着て地面に座し民衆とともに議をつくせと彼はいう。この

城を棄てて 街に出よう

有為の者 発掘し登用すべし

幕府など、頼むに足リズ！

みんなで"倒れゝば"怖くない

兵隊を減らせ

倒幕をみんなで謳えば鐘三ツ

市民権を得た松下村塾

考えが彼の理想の政治形態であり、変革された政治の府の姿であった（現実とはあまりに遠くへだたっていたが）。

また彼は、激動の時代においては正確な情報なしには的確で正しい政策は生まれない、そのために有用な青年を時代の中心である京都や江戸に派遣すべきだと藩政府に建言した。この現実的な策は採用され、藩の若者たちとともに久坂玄瑞、吉田稔麿も選ばれた。「気体血肉皆吾れと連接する」と松陰が誇る門下生の初めての社会への巣立ちだ。この派遣の任を彼は「飛耳長目」と名付けた。続いて伊藤博文ほか3人の塾生がこの命をうけ勇躍、塾を出ていった。——外出を禁じられた幽室の罪人吉田寅次郎の主催する松下村塾の名が藩はもとより変革を志向する全国の志士のあいだに有名になったのは、このときからだ。

飛耳長目の面目躍如

世論を背景にした幕府への介入

同年8月8日、各国との開国条約に調印した幕府の処置に怒った朝廷は、謹慎中の斉昭らに幕府の命を無視して江戸城に入って政治に参加し攘夷を実行せよと密勅を降した。200年の禁を破る朝廷の政治介入だった。しかも、幕府政治の反対派の親玉とみられていた水戸藩に降ったところに意味がある。狙いは松陰が期待する幕府打倒ではなく大老井伊の失脚と攘夷だけなのだが。

これを知った幕府は怒り、その反対に志士たちは奮いたった。密勅降下を策謀した梅田雲浜は、このことが実現すれば、「五～六日の間に江戸は天下不日に大震動起すべく候」と期待したが、肝心の斉昭は、いざとなると幕府の権威の前にひれ伏して動かなかった。不安と焦燥にかられた朝廷は、おなじ主旨の密勅を尾張、薩摩、福井、長州などの有力藩にも配布した。だが各藩とも下部はどうであれ上部はご三家さえも処断する幕府の威力を怖れて動く気配さえみせなかった。それに天皇は「異人の輩、それを聞き入れず候わば、その時は打ち払い然るべくやとまでも、愚身に於ては決心候事」というが、幕府も各藩も決心しても、決心だけでは攘夷できないことを知っていたからである。とはいえ、松陰のような変革

[蹴鞠 けまり]
昔から、貴族社会で行われた
ユーガな マリケリ

しかし、朝廷の認識たるや

のプログラムも未来像もなく、ただ攘夷と尊皇と幕府横暴を叫ぶ志士たちだが、彼らの声と勢力は幕府の土台を揺り動かす大きなものとなっていた。もちろん、幕府も、これに対して手をこまねいていたわけではない。

安政の大獄

大老井伊は腹心の部下、長野主膳を問題の地、京都に潜入させ幕府反対派の動静を探索させていた。長野の報告では、天皇の密勅も公家の反幕的な言動も、すべて水戸につながり、京都に住む浮浪の徒の策謀によるもので、この中心にいるのは「悪謀の問屋」梁川星厳、梅田雲浜、頼三樹三郎、池内大学などの町の学者である。天皇や公家は、それらの口車に乗せられているだけだ。したがって「奸賊（斉昭）の手先の者共、召捕り相成り〆上げ陰謀白状致させ、君側の悪人、御除き相成り候より以外にこれなく……」と京都の現状を説明し、その悪謀の主を４〜５人逮捕すれば公家たちは恐怖して静かになるでしょうというのだ。たしかに長野の指摘は、表面に現れたものでみるかぎり正確だ。しかし彼は表だけをみて、その策謀は時代の要求に支えられて出てきたものであることを見落としている。が井伊は長野の説に従い、ことを決断する。世にいう安政の大獄の始動だ。

着々と反革命の準備をする井伊大老と

ヒ その謀臣
長野主膳

"フンウカレ公家に悪謀の問屋共め いまにひっ捕え 痛い目にあわせてやるぞ みておれ"

8月下旬、大老井伊は諸外国との条約問題、将軍継嗣問題を朝廷に釈明するため老中・間部詮勝(あきかつ)を京都に向かわせた。だが現在のままでは朝廷が釈明を受け入れるはずがないので、そのためにも朝廷の内外にはびこる反幕勢力を一掃しなければならないと間部は思った。長野はすでに京都所司代(幕府の出先機関)に指示して準備をすすめていた。そして間部が入京する前の9月7日から逮捕を開始し間部の着京後は朝廷の核心まで迫った。

その報せが松陰に入った。彼は水戸藩が密勅に従わなかったことを「紙上の空論、書生の誇る所、烈士の恥ずる所」と痛烈に批判し、幕府を怖れてこれを無視した藩大名を「当今天下の諸侯をお待ちなされては……」外国の属国になるだけだと雄藩連合の幻想を捨て、また逮捕事件で急に弱腰になった朝廷公家に対してはそんなザマでは「天下の事、全て時去り機を失い、如何とも手は付き申さぬと必然なり」と愛想づかしをしている。この年、幽室の身ながら藩主の要請で『議大義』『時義略論』などを書き提出して藩政府の方針にも大きな影響を与えてきた松陰だが、この時点で彼は支配階級による変革は不可能であることを認識した。

幕府の議に落ち伏せ属国と相成り皇国の滅亡実に踵をめぐらさざることなり

松陰にとって天皇は革命力を結集する志士たちの統合の象徴だったのだから

それは武士にとって絶対の存在である主君および藩の否定だ。また松陰は理論的には否定しても心情的には主君敬親と長州藩を敬し頼りにしていたが。

何という卑怯な

もう主も藩もないものと存ず

そんな態度では勤皇の手筈は水泡だぞ

やることなすこと失敗続き

9月、松陰は梅田のいる獄を破って彼を助け出そうと赤根武人を京都に派遣したが失敗、また公家の大原三位を長州に迎えて藩論を尊皇に統一しようとしたが阻まれて失敗。彼は憂悶と焦燥のなかにいた。その10月下旬、尾張、越前、水戸、薩摩の四藩士が連合して大老井伊の暗殺計画が立案され彼のもとに協力を求めてきた。松陰は塾生および同志と相談した結果、それを拒否した。密勅を実行しなかった他藩士に対する不信があったのかもしれない。だが幕府の暴政を許せなくなっていた松陰は、これとは別に塾生を含む17名の同志と血盟を誓い、京都で画策している老中間部と、その手先で働いている伏見奉行内藤正縄を襲撃する計画をたてた。外へ出ることを禁じられている松陰が藩則を破り先頭に立って突出しようとした。入江九一が「栄太（稔麿）早く帰れ、先生のもりに困る人ばかりなり」と江戸にいる吉田に手

やはり寅（虎）は檻に入れておくのが一番安全だ

紙を出したのはこのときである。松陰の計画が常に理念と行為は正義であっても、成功する確率はほとんどなかったからに違いない。理論と情熱が先行して現実認識が甘すぎるのだ。というのは松陰は藩の要人である周布政之助に襲撃のための武器を援助して欲しいと願っていることだ。たしかに周布は時代をみる眼をもつ松陰の良き理解者だった。だが彼は藩の要人なのだ。その周布に幕府の首脳を襲撃する武器の援助を申し出る甘さは救いようがない。

おそらく他藩なら首を切られていたろう。驚いた周布はとりあえず11月29日松陰を獄に入れることに決めた。それが藩のためにも松陰のためにも安全だと思ったからだ。

周布政之助

アーア 同志が何たるか位 わかって欲しいナァー

松陰が野山獄に再入獄したのは12月25日。父が病気のため延期されていたのだ。その日、親戚、塾生が集まって宴を開き、父は「一時の屈は万世の伸なり、いづくんぞ傷まん」と獄に入る息子を激励した。（ここがなみの親と違うところだ）。
「一世の奇士を得てこれと交りを結び、吾れの頑鈍を磨かんとするにあり」と、教えるというより、弟子に教えられ啓発されることを目的とした、世にもまれな師は「松下村塾」を去った。その間、わずか2年4カ月余だった。

松陰に対する藩の処置を不満とした塾生8名が藩に抗議行動を起こし、自宅謹慎などの命をうけた。獄に送られた松陰も、活動をやめてはいない。まず彼は獄外にいる塾生を指示して再び大原三位公を長州に迎え藩主と会見させることを立案した。だが尊皇攘夷派の壊滅を狙う大老井伊の勢威と弾圧の俊烈さに怖れをなした藩政府は、それをきく耳さえもとうとしなかった。彼は次に参勤交代で出府する藩主の江戸行きを中止させようとした。
だがこれも失敗した。

吾を送る十四名、訣別なんぞ多情
村塾まさに起隆すべし、村君の義盟を主んず

次に考えたのが同志の士を藩から脱走させて京都で大原公に逢い、その公の力で江戸に上る藩主敬親をとめ、敬親のもとに全国の同志を集めて一挙に倒幕の軍を起こすという過激な計画だ。彼はそれの実行を迫って藩の同志および塾生に檄を飛ばした。塾生では入江兄弟だけがそれに共鳴し、弟の和作は松陰の大原への手紙をもって京都に向かった。だがその計画も同志の反対論にあって潰れた。でも彼はなお行動の実施を迫った。

その松陰のもとに江戸にいる高杉、久坂らから計画の中止を勧告する塾生連盟の手紙がとどいた。幕府に対する怒りはわかるが、いまの状況で挙兵するのは無謀であり時機尚早だ。失敗すれば藩の命運にかかわる大事です。そのうち決起する日は必ずくるから、それまで自重してほしいというものだった。萩にいる塾生もあまりに過激な松陰の指示を受けつけず、残ったのは入江九一ひとりになっていた。孤立した松陰は「僕とは所見が違うなり、その分れる所は僕は忠義をするつもり、諸友は功業を為すつもり」と突き放し、自分から高杉らと義絶した。そのなかで松陰の思想はより進化し、敵と味方の識別が明確になる。

幕末は確かに時代変革の激動期だった。多くの志士がそれに身を投じた。だが彼らが思考したものは支配者の首のすげ代えであって、支配階級と被支配階級の逆転ではない。それを求めた人がいたとしても、極めてまれである。ましてや全人民の結集と、その人民による変革、即ち革命を志向したのは、ただ一人、松陰のみである。

恃（たの）むべき所の者は草莽の英雄のみ。

政府は勿論、食禄の人（藩士）に対しては何も言わぬ。政府（藩）を相手にしたが一生の誤りなり。

当今、征夷は跋扈し諸侯は観望す。みな恃むに足らず。

天下を跋渉して、百姓一揆にても起こりたる所へ付け込み奇策あるべき。

士は農工商の業なくして三民の長たり、耕さずして食うとは何ぞや。

草莽豪傑、上天下諸藩と幕府を責め、万に従わざれば、一死をもってこれと争う。正義というべし。

松陰の思想を具現化出来るのは**草莽の英雄**と考えた。

草莽——彼の規定では「小使無役の輩、罪穢を蒙る正義の人、下賤に埋没す者、即ちプロレタリア」である。

真の忠孝の志あらば、一度は亡命（脱藩）して、草莽崛起を謀らねば、いけ申さず候。

彼が「草莽崛起の人に望むほかなし」と変革の原動力を市井の庶民に求めたのは革命派としての当然の帰結だったといえよう。徳富蘇峰は、
「彼の思想は、急転直下せり、されど論理的に、行くべき軌道を辿りて、行くべき点に行きしのみ。彼は幕府をして革新の事を遂げしめんと欲したりき。然も非なり。彼は長防二州によって、革新の魁(さきがけ)たらんと欲したりき、然も非なり。彼は公卿によって、革新の事を遂げしめんと欲したりき。然も非なり。

信じてはならないものを信じた松陰の結論

幕閣も、藩庁も、そもそもまた京都も、ことごとく意の如くならざるを見るや、ここに於て猛然として決心したり。即ち既存の勢力をまたずして、草莽の志士を糾合し、空拳をふるって、天下の為に最初の一撃を、尊攘の妨害物に加うること是れなり。彼の言を借りて言えば、いわゆる草莽崛起の策是れ也」と、信じてならないものを信じ、頼ってならないものを頼って、何度か裏切られ挫折しながら辿りついた最後の策だったと書いているが、封建の世に生まれ、その教養にすっぽりつつまれ藩主を敬し、家臣として強く藩を愛し、そのために変革を求めた矛盾こそが彼の苦しみである。

幕府への態度を初めて明確にした幕末の雄、長州藩

長州藩は藩祖毛利元就が、戦国時代に戦略と才腕で支配圏を広げ、中国地方全体をその傘下に治めていた大藩であった。しかし慶長5年（1600）、関ヶ原の戦いで徳川に破れ、周防、長門の二国に封じられ、禄高も112万石から僅か29万石に削られた藩である。はじめは徳川への恨み、怒りも濃く残していたが、幕府の豊臣譜代大名の取り潰しや国替えをみて、これが恐怖に変わり、ただ自藩の安全のみを願う外様大名になっていた。

その長州藩に安政5年（1858）1月、幕府は外国との条約調印について賛否を問うてきた。藩政府は「現在のところ藩の政治を固めることしか考えていないので」とあたりさわりのない回答をした。自信がなかったのである。が、その5カ月後、藩は「朝廷に忠節、幕府に信義、祖宗に孝道」という三大綱領を決めた。松陰の主張する朝廷重視が第一にあげられたのである。と同時に、これは長州藩が幕府に対して自藩の態度を明確にした初めての行為である。また長州藩は、これに続いて軍政、財政、産業教育などの大変革を断行し、人材登用の道を開いた。松下村塾の若ものたちが登用されるのもこの政治のもとではあったが……。

志士、松陰の最期

吾れ、今国の為に死す
死して君親に負かず
悠々たる天地の事
鑑照明神にあり

安政6年（1859）4月19日、長州藩は松陰を江戸に送れと幕府から命じられた。容疑は梁川、梅田との関係だ。5月25日、死を覚悟した松陰は、父母兄妹、塾生に別れを告げ檻輿の人となって萩を後にした。彼はそうなった身を悲しんではいない。「直ちに東天（江戸）に向って怪雲を掃はん」「生死を度外におきて唯だ言うべきを言うのみ」と、むしろ塾生とも交際を断ち絶望的な現在の状況にあった彼は、天下を私事し民を忘れた政治をおこなってきた幕権の前で自分の所信を述べる機会がきたことを喜んでさえいた。それは常に、いつ"死"に直面しても悔いることない"生"を考え、そう生きてきた松陰だけが到達できるものだったといえよう。しかも朝廷さえもいらぬと否定しているのだ。その彼には幕府の役人など眼中になかったとしても不思議ではない。

天朝も幕府もわが藩も要らぬ　たゞ六尺の微躯が入用

問われもしない暗殺計画や倒幕計画を喋ってしまった

6月25日、江戸に着き長州藩邸に入り、7月7日の朝、幕府の評定所に送られた。寺社、南町、北町の各奉行、大目付けと幕府の司法執行権をもつ役職者のすべてが取調官として顔をそろえていた。容疑は梅田との関係と京都の皇居の庭に落ちていた幕府を中傷した文書が彼のものかどうかという2点だった。まず松陰は梅田との関係を明快に否定した。事実、彼との密謀はなかった。文書についても「吾が性、公明正大たることを好む。あに落文などの隠昧なことをなさんや」と憤慨し否認した。落とし文などという卑劣なことをする人間にみられたことに腹を立てたのだ。でも沈黙すべきだった。しかしこの場を自分の所信を述べる最高の場と考え、それに望みを託してきた彼は、自分には自分の計画があったと問われもしないのにペリー来航以来の奔走について語った。奉行のなかには感動した様子をみせたものもいた。耳をかすものがいれば牛馬にも話すという松陰は、役人の老獪（ろうかい）さを見ぬけず、公家の大原三位を迎えて倒幕計画を練ろうとしたことや老中間部の暗殺計画まで喋った。あまりの事の重大さに聞いていた役人たちのほうが呆然としたほどだったという。そのとき、彼の死が決まったといっていい。

　正直というか。純真で疑うことを知らないというか。ともあれ一般的には阿呆としかいいようのない行為だ。
「至誠にして動かざるものは、いまだこれあらざるなり」と松陰はいうが、いかに誠意をもって語ろうと相手は幕府権力であり組織である。彼らが自分を敵とし、否定しようとしている者の言葉を受け入れるはずはないではないか。彼はそのまま牢内に放置された。
　江戸にいた高杉は牢番に金品など渡して彼のために世話をやいた。それもあって松陰は獄内の諸藩の志士たちとも交友をもつことができ、生きて仕遂げなければならない仕事の多さも知った。

「死して不朽の見込あらばいつでも死ぬべし、生きて大業の見込あらばいつでも生くべし」と高杉に言っているがはじめは役人の態度などから軽い刑で済むと思っていたようだ。その彼が死を覚悟するのは橋本左内、頼三樹三郎らが刑死した10月7日以降である。
「平生の学問浅薄にして至誠天地に感格すること出来申さず、非常の変に立ち到り申し候。さぞさぞ御愁傷も遊ばさるべく拝察仕り候。
　　親思うこころにまさる親ごころ
　　けふの音づれ何ときくらん」
と、父母、兄、叔父に永訣の書を送り10月26日、死の前日、塾生たちへの遺書『留魂録』を書きあげた。

桜田門外の変．

死を超えて残るは尚、祖国の運命……

死の3年前、松陰は友人のひとりに塾の目的のひとつを「もし僕、幽囚の身にて死なば、吾れ一人の吾が志を継ぐ士をば後世に残し置くなり、子に孫に至り候はば、いつか時なきことこれなく候」と書き送っているが、彼は自分のことを"狂悖"（狂って道に叛く）と言い、自分を無化して民族と人民の幸せを考え、そのために生き、その志を継ぐ者を育成するために塾を開き、行動し、そのために刑死した。

彼の死の翌年、大老井伊が暗殺され、幕府は急激に衰亡、8年後、明治という新しい時代を迎えたが、それは彼の熱望した人民のための時代ではなかった。

まさに生き急ぎ　死にいそいだ時代の落し子だった。

> 吾を知るよりは
> 吾が志を張って
> これを大にするにしかず

入江九一 「ば」
久坂玄瑞 「半」
高杉晋作 「志」

ききわけのよい弟子たち

再度、門下生登場

品川弥二郎「トコトンヤレトンヤレ節をつくったぞ」
山県有朋「帝国陸軍をつくったぞ」
伊藤博文「帝国の植民地をつくったぞ」

ききわけの悪い残った弟子たち

Q: よい子と悪い子とは一体何が違うのでしょう??
↓
A: 運が良いか悪いかだけ

それ人民は国の精気、根本なり

武士たる者田圃のこと一日も忘れまじきこと

士は農工商の業なくして三民の長たり耕さずして食うとは何ぞや

諸友　吾が志を知るために吾を哀れむことなかれ
吾を哀れむよりは　吾を知ることにしかず

間違いだらけ

明治22年（1889）、帝国憲法を発布した政府は、これを記念して死者松陰に正四位を贈った。松陰が嫌悪した官僚になった伊藤博文、山県有朋などの働きによるものだろうか。このとき以来、人民の総決起を叫んだ革命家・松陰は、皇室を尊崇する絶対の天皇主義者として歴史に定着した。と同時に明治の顕官を育成した偉大なる教育家としても評価された（彼は人民への献身を説いたが立身出世せよとは言わなかったはずだ）。

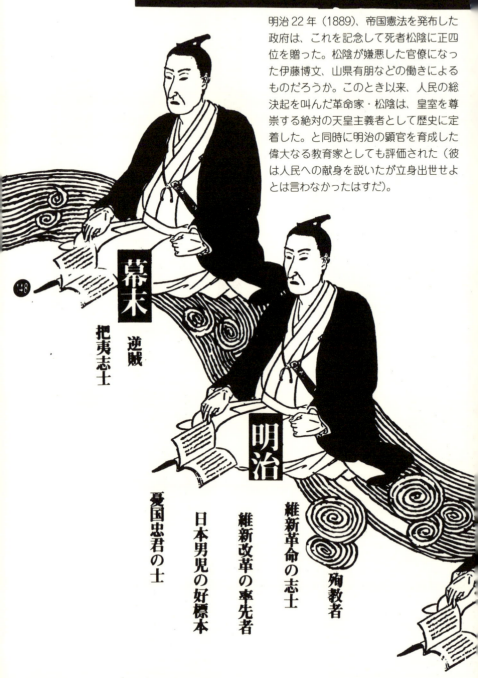

幕末　逆賊　攘夷志士

明治　殉教者　維新革命の志士　維新改革の率先者　日本男児の好標本　愛国忠君の士

の松陰像

そして松陰は、日本が侵略戦争への道を急ぎはじめた第二次世界大戦直前から戦中にかけて、決死の勤皇実践によって、雄大な皇道国家の実現を目ざした尊皇思想家、愛国純忠の攘夷の志士として"時の人"のようにもてはやされた。そこには革命家松陰の姿はない。
時代が彼を都合よく解釈し彼をもちあげ利用したのだ。したがって戦後は、その反動もあって、彼は保守反動のレッテルがはられた。だが死後130年、松陰は再び新しく評価されようとしている。

戦後

昭和 太平洋戦争
忠君愛国の士
尊皇打夷の急先鋒

大正

革命家
正義の人

慶応三年 一八六七

慶応二年 一八六六

打ちこわし頻発

ヒャ / お助けを / 米だ米だ

大政奉還

幕府は薩長の機先を制して朝廷に政治を奉還した。あわよくば、行政経験のない朝廷から「これまでどおり政治をせよ」との令が下ると思っていたのである。しかし薩長と朝廷はグルになって王政復古の号令をおろし権力を手中にした。

坂本龍馬 / 中岡慎太郎 / 高杉晋作 / 桂小五郎

薩長同盟

ここに倒幕の核ができました。

何をッ!!
王政復古
の
クーデター

箱館戦争

勝てば官軍
敗ければ賊軍
ミナサンミナサン気を付け召され　黙っているとお上は勝手のし放題ヤレ気を付けろ
トコトンヤレトンヤレナー

さてさて明治の御一新と相成ったが流した血のことサラッと流し、百姓は百姓だし、支配構造は温存されたのみならず、一路歩むは富国強兵まっしぐら、在れば使いたいのが武器とナントヤラーとてもじゃないが松陰の考えていたような社会への進展はありませんでした。

白虎隊
彰義隊

付記

　人の世はときおり、ある事件をきっかけに人々の心が過熱、沸騰して、収拾できない状況になることがある。これを乱世とか動乱の世というが、そんな時代は、平時にはお目にかかれない強烈な個性をもった型破りの人間が生まれる。異国の黒船出没を期に、松陰、佐久間象山、高杉晋作、坂本竜馬、勝海舟、西郷隆盛、岩倉具視、大村益次郎などなど、日本の歴史のなかでも、数多くの個性的な人間を生んだ幕末は、まさにそういう時代だった。そして、これらの人々によって新しい時代が切り開かれた（開かれる社会状況にはなっていた）のだが、そのなかでも、ひときは異色なのは松陰である。

　それは第一に、一貫して変わらなかった自分の良心に対する忠実な姿勢だ。幼年時代に、公に尽すことを自分の責任と自覚した彼は、死に至るまでそれを貫いた。長崎や江戸における学問も、脱藩も、密航も、間部襲撃計画、倒幕計画も、すべて公に対する自分の責任としておこなったもので、一点の利己心もない。そのため彼は、禄と兵学師範の地位を奪われ、蟄居、幽室、投獄、再投獄の罪科を負い、最後は斬首された。

　明治26年、名著『吉田松陰』を世に出した徳富蘇峰は、

「彼は多くの企謀を有し、一の成功あらざりき。彼の歴史は蹉跌の歴史なり。彼の一代は失敗の一代なり。然りといえども彼は維新革命における、一箇の革命的急先峰なり。……彼はあたかも難産の母の如し――」

と書いているが、松陰は、やることなすこと、ひとつとして成功しなかった失敗だけの人である。思想的先駆性、革命戦略とその理論では、同時代の志士のだれよりもすぐれていることは認めるが、具体的な戦術はお粗末で、せっかちで、楽観的過ぎ、革命の実践家とは言えないという人が多い。たしかにそ

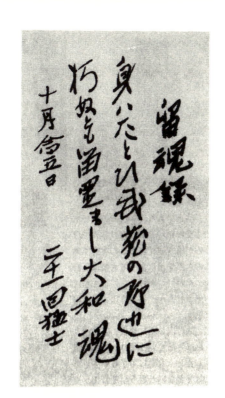

身はたとひ、武蔵の野辺に朽ちぬとも、留置まし大和魂
十月念五日　二十一回猛士

ういう面もある。だが、"理論即実践"学問は行動するためにあると説き、結果よりも行為を重く視る陽明学を信奉する松陰は、不正をみて静止していることを罪悪と考える人であった。しかも彼は、自分が捨て石になることで時代を切り開こうと考えている人でもある。そういう意味では初めから事が成就することは不可能だったといっていい。捨て石は創業のための起爆材にはなることはできても、創業者そのものにはなれないからである。

　第二は松陰の人間に対する誠実さである。松陰の刑死に立ちあった八丁堀同心吉本平三郎は、その11日後に、
「過ぎし日、死罪を命ぜられし吉田寅次郎の動止には人々感泣したり。奉行死罪のよし読み聞かせし後、畏り候よしうやうやしく御答え申して、平日、庁（評定場）に出づる時に介添せる吏人に久しく労をかけ候よしを言葉やさしくのべ、さて死刑にのぞみて鼻をかみ候はんとて心しづかに用意してうたれけるとなり、およそ死刑に処せらるるもの是れまで多しと雖も、かくまで従容たるを見ず――」、
と言い残しているが、私はその覚悟の見事さよりも、吏人にやさしく労を謝したという彼の姿に胸を打たれる。庁に出入りするときに介添えした吏人というから、役人としては最下級のものだ。その人間に対して礼をいう上下にへだてのない誠実とやさしさこそが、革命家松陰の真骨頂である。そして、その姿勢こそが、同時代の志士と松陰とを画然と区別するものでもあるからだ。
「群夷（西欧）競い来る。国家の大事とは言えども、深憂するに足らず、深憂すべきは人心の正しからざるなり」、
と西欧からの侵略よりも、人の心の荒廃を憂えた松陰の革命精神は、単なる政権奪取および体制の変革ではなく、かぎりない人民への献身だったのである。

〔解説〕
一粒の麦、吉田松陰

鈴木邦男

　なぜ松陰の生き方はこれほどまでに日本人の心を打つのだろう。危機の時代にはいつも松陰が想起される。「日本人とは何か」を考えるとき、必ず松陰が出てくる。でも不思議な人だ。剣をもって華々しく闘った人ではない。たぶん、一生の間に一度も人を斬らず、剣を抜いていない。維新前夜の殺伐とした時代においてこれは稀有のことだ。この男がいなければ明治維新はなかった。近代日本はなかった。

　だが維新を見ることもなく死んだ。徳川幕府を倒した戊辰の戦争にも参加できずに死んだ。その前の段階で戦いに勝ち、維新を準備したのだろうか。それもない。確かに幕府とは闘った。藩とも闘った。そして常に敗れている。負け続けの人生だ。勝利は一度もない。でも、その松陰の不屈の志が、生き方が人々を動かし明治維新が出来たのだ。

　あるいは松陰がいなくても倒幕はできただろう。実際、直接的な倒幕の戦争の場には松陰はいない。ただ倒幕はできて、新しい世の中が生まれても、それだけでは単なる政変だし、革命だ。ところが明治維新は単なる政変でも革命でもない。いわば自己否定の変革だ。だって、敵だけでなく革命の主体だった武士すらも消したのだ。世界中の政変、革命をみたらいい。前の権力を倒したら、その倒す側の主体が権力を握る。武士ならば、武士の世の中を作るために戦いは行われ、彼らが新しい世の中の主人公になる。源平の争いや、織田、豊臣、徳川の時代を見てもそれは分かる。ところが明治維新は、その戦争の主体であり、勝利者である武士をも消滅させた。こんな政変は世界中どこにもない。なぜそんなことができたのか。それは、松陰がいたからだ。このとき、松陰は死んでいたが、松陰の志が生きていたからだ。松陰の遺した志。それに松陰が育て、遺した弟子たちがいたからだ。

維新の舞台にはいなかったが、その舞台を準備した。しかし、華々しい戦いを指導した英雄ではない。豪傑ではない。維新前夜のさらにその前、たった一人で、無謀な闘いを仕掛けては、ことごとく負けている。負けて、負けて、負け続ける。戦略も戦術もない。巨大な風車に向かって突撃するドン・キホーテのようだ。まさに〈狂〉だ。本人も「狂」だと認めている。その「狂」がまわりに理解されない。そして弟子たちを怒鳴りつける。罵倒する。「沈着冷静な指導者」「英雄」ではない。また、捕まっては、聞かれもしないのに、「こんな大それたことをやりました」「こんなこともやろうとしました」と、自白している。「おいおい、何を言い出すんだ」と僕らも心配になる。確か、松陰は兵学者のはずだ。天才のはずだ。たった10歳で藩主の前で御前講義をしたという。こんな天才はなかなかいない。藩も幕府も松陰に期待する。たとえ松陰が狂気にかられ暴走し、法を破っても、何とか穏便にすませようとする。松陰の短い一生を見てみると、そう思う。少なくとも僕にはそう思えた。ペリーの黒船に乗って密航しようとして失敗したとき、自ら名乗って出る。舟に乗ったら漂流してしまったと言い逃れることもできる。また「漂流したのではないか」と取り調べの役人は聞いているのに、いいや、密航しようとしたのです、という。たとえ穏便に済ませようと役人が思っても、これでは罰するしかない。また、安政の大獄で江戸に送られた時も軽い刑で終わりそうだったのに、してもいない「老中を殺そうとした」と衝撃の自白をする。いや取り調べ方がうまくて、松陰を持ち上げ、いい気分にさせて喋らせたという説もある。「この人なら分かってくれる」松陰は思い、口走ったのだと。そして「しまった！」と思ったのだ……と。しかし、どうも「確信犯」のように思える。自ら、自由になることを拒否し、死に向かって飛び込んだのではないか。どちらにしろ戦略、戦術がない。やり方が、生き方があまりに下手だ。簡単に人を信じている。天才兵学者のはずなのに、これは一体どうしたことだろう。

　そんな疑問をずっと抱えてきた。僕だけではなく、今までも多くの人たちが疑問に思ってきたことだろう。しかし、解けない謎だった。その時代、時代において、松陰の〈評価〉は大きく変わってきた。「過激な

攘夷論者」「革命家」「教育者」……と。そして常に「評価」され続けてきた。でも不思議だ。もしかしたら、こういう男は世界の激動期に沢山いたのかもしれない。ただ狂気の男、誇大妄想の男……として、歴史からは消されていったのではないか。だが松陰だけは残った。戦略、戦術もなく立ちあがり、ドン・キホーテのように突進して、ことごとく敗れ、処刑された男なのに。日本人の優しさが、松陰という物語をつくったのか。不思議だ。

この本には、その謎を解く鍵がある。僕らの「何故？」「何故？」に答えてくれる。普通の松陰研究家、松陰崇拝者ならば、「そんな噂は嘘だ。松陰先生は子どもの時から一貫していた」「それが分からないのは君たちの眼が濁っているからだ！」と一喝するだろう。しかし、この本の筆者は違う。いろんな松陰像を全て引き受ける。そして、あらゆる疑問や「何故？」をも全て引き受ける。「そうです。そういう矛盾をもった人間だったのです」と。これには驚いた。

筆者・三浦実氏は小学生の時たまらなくチャンバラが好きだったという。もう亡くなっているが1932年生まれだから、生きていれば82歳だ。10年ほど年下の僕らだってチャンバラはよくやった。だから分かる。全国の子どもたちが熱狂していた。「勤皇・佐幕と入り乱れて剣をふるう幕末ものが好きだった。物語が勇壮華麗、悲壮にして哀切だったからだろう」と三浦氏は言う。特に鞍馬天狗・桂小五郎・近藤勇などが人気があり、その人間に成り切っていた。三浦氏も僕らもいわば「幕末」を生きていた。

かなりマイナーな志士も覚えていた。僕は益満休之助という武士が好きで、この男が幕末の英雄だと思っていた。当時の少年雑誌で影響されていたのだ。また、ほとんど知られていない志士たちの名前も次々と覚えたし、憧れた。でも、吉田松陰の名前は出てこなかった。小学生、中学生でも知らなかった。高校になって初めてその名前を知った。はっきり意識するようになったのは大学に入り、右翼学生運動を始めた頃だ。

とにかく松陰は知られていなかった。子どものチャンバラに出てくるわけもない。話題にも上らない。でも三浦氏は知っていた。チャンバラ

に興じていた小学生の時出会ったという。

〈絵本か少年雑誌で初めて松陰に接したのは、ちょうどその頃である。だが、この武士はサムライなのに一度も剣を抜かないのである。私はそんなサムライをサムライとして認めたくなかった。いわゆるかっこうよくなかったのだ。子どもの私のその勘は正しかった。スタイル上のかっこう悪さは、生涯変わることがなかったからである。〉

　小学生の頃の三浦氏は松陰が嫌いだったのだ。とてもサムライとは認められないと思った。でも絵本か少年雑誌には出てくる。明治維新の志士たちを育てた人物として。松下村塾で多くの志士を育て、明治維新を成し遂げた偉人として描かれていたのだろう。だが、子どもの目から見たら、松陰はかっこ悪い。サムライとして認められない。全く魅力がない。やることなすこと全て失敗の連続だ。なぜこんな人が「英雄」であり、「偉人」と称えられるのか、その疑問から始まったのだろう。そして大人になって『吉田松陰』を書くことになる。だから、この本は「松陰絶賛本」ではない。複雑なそして矛盾を抱えた松陰に真正面から立ち向かい書いている。その点が凡百の松陰本とは全く違う。

　大学生の僕らは全共闘と闘う右翼学生だった。自分たちは勤皇の志士だと思っていた。当時は全共闘を初め、左翼学生運動全盛の時だった。圧倒的な力を持っていた。彼らは徳川幕府だ。佐幕だ。そして、毎日のように乱闘していた。今考えたら何のことはない。小学生時代の「チャンバラ」の再現だった。司馬遼太郎の『竜馬がゆく』が人気で、我々学生も、「俺こそ現代の竜馬だ」と思って、大人のチャンバラごっこをしていた。司馬の『世に棲む日日』も読んだし、松陰のことはかなり知っていた。でも、かっこいいと思ったことはないし、その生き方に感動することもなかった。ただ松陰の言葉だけは好きでよく利用した。特に好きな言葉はこれだった。

「僕は忠義をする積り、諸友は功業をなす積り」

　この言葉にはショックを受けた。これは凄い。俺たち、いや俺の気持ちを言っている。傲慢にも当時はそう思ったのだ。全共闘と闘う右派・右翼学生にもいろんな人がいた。ただ左翼が嫌いな人。一般学生として、

とにかくストが終わればいいと思う人。自民党学生部のように「外部」からの、指令で動く者……等々だ。大きな意味では「仲間」だが、対立もあり、喧嘩もあった。実際乱闘にもなった。新左翼と同様の「内ゲバ」もあったのだ。そんな時、よくこの言葉を使って「君らは、一般学生によく思われたいとか、自分たちの組織を大きくしようとか、自分たちのことばかり考えている。それは功業だ。俺たちは違う。真心だ。忠義だけだ」と。

多分、相手方も「何言ってんだ、俺たちの方こそ忠義だ」と思っていたのだろう。松陰のことはよく知らず、その生き方も知らなかったくせに、この言葉だけは使った。大いに利用した。松陰がどんなときに言ったのかも知らずに使っていた。後に、その背景を知って驚いた。「敵」ではなく、たんに自分の「愛弟子」に叫んでいた言葉だったのだ。

獄中にいた松陰は、気持ちだけがどんどんエスカレートする。そうだ、老中・間部を殺したい。この人間を殺せば世の中は変わる。やるべきだ。やろう！　と思う。ところが外にいた高杉晋作や久坂玄瑞たちは反対する。「まあまあ、先生。そう興奮しないで」となだめた。松陰はカチンときた。松陰にはこれは許せない。そして怒りにまかせて吐いた言葉がこれだ。

今、読んでみると、これは松陰が悪い。高杉たちが止めるのも当然だ。それに対しお前たちは「功業」をしようとしている。自分だけが「忠義」だ、と言ったのだ。「いくらなんでもそれはないよな」と高杉たちは思ったはずだ。新左翼の運動ならば、こんな時は必ず「組織分裂」だ。時局認識のできないこんなリーダーがいてはダメだ。全員捕まってしまう。こんな愚かなリーダーは追放だ、新しいリーダーを選ぼう、となる。

でも松陰門下は分裂しない。松陰に罵倒されたからと言って辞める者もいない。「困るよな、先生も」「すぐ怒るんだから」と言いながら、じっと耐え忍んだのだろう。これは弟子たちのほうが偉い。教育者や大先生ならば普通弟子が暴走しないように教育し、注意する。ところが、松下村塾は逆だ。先生の松陰が妄想し、狂気にかられ暴走する。何度も捕らえられ、獄に入れられる。そこでハッと我に返るのだろう。獄の中

でも人々を教える。又習字や俳句などに秀でた人がいれば、その人を先生として習う。獄中がそのまま松下村塾の別館だ。

短い一生だったのに厖大な本を読み、写し、又著述している。いくら本を読み勉強してもそれでよしとはならない。無限の向上心で本を読み、人と会い、それが松陰をつくった、松陰を育てた。脱藩してまで全国を回り、多くの人々に会った。また国禁を犯してまで黒船に乗り、密航し、世界を見ようとした。松陰にとって日本は小さすぎた。この時代も小さすぎた。

これは松陰自身が一番自覚していたことかもしれない。この世の中を変えるのは自分の一生ではできない。そういう焦りがあったはずだ。だから狂にもなるし、妄想もするし、暴走もする、兵学者だったのに、松陰の生き方には戦略・戦術がない、と僕は思った。どこが兵学者なんだ、と思った。すぐに人を信じ、そしてだまされる。捕まっても「この人なら分かってくれるはずだ」と思い、信じてはぺらぺらと喋ってしまう。愚かだ。

あっ、三島由紀夫と似ている、と思った。三島は天才的な文学者だった。「楯の会」をつくり、百人の兵隊をつくり、クーデターをやろうとした。自衛隊の幹部たちにも話をした。「憲法改正のために自衛隊は決起すべきです。クーデターをやりましょう」と。自衛隊の幹部たちはニコニコしながら聞いた。「そうです、そうです、やりましょう」と相槌を打った。相手はノーベル賞をとるかと思われていた世界的な作家だ。まさか本気でそんな暴挙を考えてるはずはない。〈小説〉の世界の話だ。あるいは自衛隊へのリップサービスだと思って軽くうなづいた。「そうです。そうです」と同意した。左右の運動や市民運動をしたことのある人ならば、分かる。自衛隊が本気で賛同しているかどうか、分かる。ところが三島は天才文学者ではあったが、運動の世界では素人だ。そんなことが分からない。相手の「真心」「誠」を信じてしまった。そこに悲劇が生まれた。

三島は松陰の本も随分読んでいた。松陰と同じ失敗を繰り返すまいと思ったはずだ。それなのに全く同じ過ちを犯した。この二人は人間を見

る眼がないのだろうか。松陰は取り調べる役人が自分の言うことに打たれて理解し賛同してくれると思ったのだろうか。また、その役人が幕府のお偉方に働きかけて国の政策を変えてくれると思ったのだろうか。そして三島は、自衛隊が三島に本当に賛同し、本当にクーデターに立ち上がってくれると思ったのだろうか。そう思ったのならば何ともおめでたい人だ。人の誠や志は必ず相手に通じるはずだ。そう思ったのだろうか。

　実は僕もそこを疑問に思っていた。長い間思っていた。松陰も三島も、立派な人、高潔な人ではあるが、運動家ではない。戦略・戦術がない。「負けいくさ」をやったんだ。敗軍の将だ、と思っていた。

　そころが、この本を読んで、「もしかしたら」と思った。僕らは勘違いをしていたのではないか、と思った。「松陰像」は時代によって大きく変わったと、三浦氏は言う。

　明治、大正、昭和になっても戦前、戦中、戦後とそして平成だ。革命家であり、非業の死をとげた革命家だ。いや教育者だ。熱烈な天皇主義者だ。近代日本をつくった人だ……と。そして今は……、「誠の人」「志の人」だ。明治維新を準備した人だ。本当は失敗ばかりの人だ。でも、日本人は松陰が好きなのだ。下手な生き方をした、まっすぐな男・松陰が好きなのだ。だから、どこか「いい点」を見つけて評価したいのだ。

　松陰の生き方を見ていると、ハラハラする。危なかしくって心配になる。〈おいおいそこまでやらなくても〉〈もう少し、うまくやれよ〉と、声をかけたくなる。まるで親のような気持ちになる。頭がよく、正直だ。気持ちも純粋だ。誠で話せば人は分かってくれると思う。でも、どうも世間知らずだ。そこが危ない。中国の古典を山のように読んでいる。いろんな事例も知っている。こういうときには、武士は決断すべきだ。こんな時には死ぬべきだ、と知っている。学んでいる。そんな強力な信念を持っているだけに、この小さな日本に生きる松陰の生き方は危うい。小さな巣にとまることを強制された大鳥のようだ。

　当時の人たちだって、松陰が好きだった。三浦氏の本を読んでいて、それが分かった。この男を何とか助けようとする。藩も幕府も、今までそんな観点から見たことはなかったが、この本を読んで初めて感じた。

昔も今も、日本人は皆、松陰が好きなんだ。あるいは、日本人の原型を松陰に見ているのかもしれない。その暴挙も失敗も含めて、日本人の原型を見たのかもしれない。だから愛したのだ。あっ、「ヤマトタケル」にも似ていると思った。人を信じ、誠の人だ。父である天皇の命令で戦いに行き、次々と勝利する。しかし、非業の死をとげる。10年前に、やはりこの「フォー・ビギナーズ・シリーズ」で僕は『ヤマトタケル』を書いた。この時は松陰のことは考えなかった。ただ、そのずっと後の人々、国のことを思い、思いこがれて死んでいった人々のことは書いた。昭和維新運動に参加して死んだ人たちであり、三島由紀夫であり、三島と共に死んだ森田必勝である、と。ヤマトタケルは死んだあと、白鳥になって飛び立ったか、そのあとやはり白鳥になって飛びヤマトタケルの後を追いかけている多くの白鳥がいる。そのことをイラストの清重伸之さんが描いていた。いやその絵を見て「あっ、俺はこういうことを考えていたのか」「こういうことを言おうとしていたのか」と思ったのだ。また、僕自身がマリオネットになって踊っているイラストもあった。自分の知らない〈自分〉を知らされた。これは凄いと思った。これは「フォー・ビギナーズ・シリーズ」の全てについて言える。絵は筆者の文章の単なる「補助」ではないし「説明」でもない。時には筆者を超えて「自己主張」している。過激で独創的だ。だから時々、問題も起こったという。「いや俺はそんなことは考えていない」と筆者が画家にクレームをつけたこともあったらしい。喧嘩になったこともあっただろう。そんな闘いもおそれずに、このシリーズは刊行されてきた。そこがいい。

　『吉田松陰』のイラストを描いたのは貝原浩氏だ。この人がいたので「フォー・ビギナーズ・シリーズ」のオリジナル（日本版）が生まれた、とも言われている。伝説的イラストレーターだ。『吉田松陰』の他にも『戸籍』がありこれが大評判になりベストセラーになった。また『全学連』などもある。

　筆者の三浦実氏とイラストの貝原浩氏はともに今は亡い。それにこの本は1982年に第1版が出ている。32年前だ。そして何度も版を重ねた。松陰は何度も何度も思い出されてブームになった。松陰についての本

は何百冊も出ている。今年（2015年）のNHK大河ドラマは"花燃ゆ"だ。松陰の妹が主人公だ。新書を初め「松陰本」がドット出ている。僕も今回改めて20冊以上の松陰本を買って読んだ。でもこの三浦氏・貝原氏の『吉田松陰』が一番新しい。32年前に書かれた本が新しいのだ。不思議だ。それに僕らが思っていた疑問に真っ正面から取り組み闘っている。「松陰問題」と格闘している。それが新鮮だったし、衝撃だった。この『吉田松陰』は、松陰を小さくまとめようとしない。矛盾も疑問も批判も全て受け入れ包摂して書いてゆく。この本を読んで、「そうだ」と思い、今まで思い込んでいた松陰像が変わる人もいるだろう「いや、俺はこう思う」と言う人もいるだろう。三浦・貝原氏はそれこそ大歓迎だろう。どんどん考えてくれ、変えてくれと思っているはずだ。松陰は今も生きているし今も成長しているのだから。

　この本を読んで僕の松陰像も変わった。今までは「悲劇の人」「かわいそうな人」という印象が強かった。こんなにも優秀で、こんなにも国を思って行動したのに、藩にも幕府にも理解されず殺されてしまった。あわれだ。でも、その志は、誠はずっと引き継がれて人々を突き動かし、明治維新ができたのだ。そう思っていた。また、そうとでも思わないとこの人間が余りにもかわいそうだ。ともかくただただその非業の死のみを惜しみ、悲しみ、同情する。そんな気持ちだった。

　ところが、この本を読み「あるいは」と思ったのだ。かわいそうなのはもしかしたら僕らの方かもしれない。松陰の方が今の僕らを見て、「愚かだ。戦略・戦術を知らないのは君たちだ」と思い、同情しているのではないか。フッとそんな気がしたのだ。この本は発売当時読んでいた。でも今、読み直して初めて気が付いたのだ。

　藩や幕府におだてられ、すかされて、〈犯行〉を「自白」し捕らわれた。そこまで命を懸けていたことを言ったら理解してもらえると思ったのか。あとで「しまった」と思った時はもう遅い、国禁を犯し大罪を犯した人間として処刑された。そう思い、涙した。でも違うのではないか。本当はすべて松陰の計算だったのではないか。騙されたのは藩であり、幕府であり、その後の人間であり、我々ではないのか。

「かくすれば　かくなるものと知りながら　やむにやまれぬ　大和魂」
「身はたとひ　武蔵の野辺に　朽ちぬとも　留め置かまし　大和魂」
　松陰ののこした句は余りにも有名だ。自分の暴挙・暴走を弁護している。それと同時に何か醒めたものを感じた。暴発・暴走した自分の生涯をかえりみて、でもそこまでさせるのが大和魂だと言う。「そうだよな」と後世の人たちは納得する。説得力がある歌だ。国のために決起する。国のために外国と戦う。そんな時いつもこの歌が引き合いに出された。愛国心、大和魂は、決して理論的に考えて得られるものではない。感情的に分かるものだ。それが日本人なんだ、と解説される。いつの時代も同情され、そして利用された。それが松陰だった。松陰の無謀さに我々はひきつけられた。戦略・戦術のなさに、愚鈍さに「松陰だってこんな失敗をするんだよな」と思い、その〈人間らしさ〉に我々はひかれた。もっともそうだったから明治維新の原動力になったのだろう。
　そう思ってきたのだ。でも違うのではないか。これはむしろ松陰が作ったのではないか。そんな気がした。たんに「失敗続きの人間」という受動的な人間ではない。むしろ「小さく失敗することによって、大きな成功」をつかもうとしたのではないか。
　前に書いたように松陰は自分一身では維新はできないと思っていた。何人もの「松陰」が必要だ。松下村塾で若者を育て、全国を回って多くの志ある人々と議論した。でも、それだけではダメだ。自分が生きている間にできない。自分の死んだ後に松陰の後継者が続き、志が継がれ、そして維新はできるだろう。そのためには、死ななくてはならない。後世に志を継いでもらうということで、死を生かそうと考えたのではないだろうか。
　死を覚悟して江戸に送られたとき、見送った高杉晋作に対し松陰はこう言っている。「死すべき時には死ぬ」。この言葉の意味は重い。ただ死ぬのではない、一粒の麦となって、後世に志を生かすために、死を選んだのだ。松陰は〈この時〉だと思ったのだろう。ここで死ぬべきだ。これを逸したらもうない。
　だから取り調べの役人が知らないことも自白し、「こんなこともやり

ました」「こんなこともやろうとしました」と言い出す。役人は多分、長州に戻し、獄に入れればいいと思っていたのだろう。過激だが優秀な男だ、何とか助けてやりたいと思った。敵、味方を超えて、そう思わせるものがある。たいした罪ではないと、釈放されかかった時だ。「実は老中間部を殺そうとしていた」と告白する。取り調べの役人に騙され、あるいはおだてられ、乗せられて、うっかり喋ったのではない。自分から言ったのだ。死に向かって、飛んだのだ。「どうだ、ここまで言ったら死罪しかないだろう」と役人たちを追い込んだのだ。取り調べの役人たちこそが追い込まれたのだ。だから「かくすれば　かくなるものと知りながら」だ。うまく言い逃れ、裁きの場から逃げることはできる。でもやらない。あえて、死んでみせる。そのことによって後に続く多くの「松陰」を生むことができる。そう思ったのだ。

相手を殺すのではない。刺し違えるのでもない。自分だけが死ぬ。それも刑死だ。あえて、自らそれを望んだ。一見「無駄死」だ。だが、その「無駄死」を死ぬことによって「有効な死」以上の大きな効果を与えられると思ったのだ。逃げようと思えば逃げられた死だ。それを敢えて甘受した。自分から飛び込んだ。まるで愚かな選択だ。何をやっているのだ、と言われる。それは十分覚悟して、「愚かな死」を松陰は受け入れたのだ。

そして、この松陰の「作戦」は見事に成功する。松陰の弟子たち、後に続く人たちは、松陰のこの「無謀な死」に涙し、その死にやましさを持った。だから、維新は成功したのだ。又、武士が主体となって成功させたのに、その武士をも消滅させるという奇跡をやってのけた。自己否定の革命だ。そのずっと前に、松陰自らが「自己否定」の革命、死をやってのけたからだ。これがなかったら、武士はなくならないし、単なる「政変」に終わっていただろう。

この後も危機の時代にはいつも松陰が思い返された。

その無駄な死が思い出されてた。西南戦争で敗れて自害した西郷、2.26事件で刑死した北一輝。1970年に自決した三島由紀夫……など。皆、松陰を思ったはずだ。そして「ここは死ぬべきだ」と思ったのだろう。

まだまだ反撃の機会はあった。打って出て華々しく戦死する道もあった西郷。又、北一輝にも言える。青年将校を煽り立て、いざ事件が起こると、「いや自分は関係ない」と、弁解し逃げ回った将軍たち。それで生き延びた。だが、それで「生きた」といえるのか。北一輝は、決起を知らなかった。今でいうならば〈冤罪〉だ。しかし、弁解しない。将軍のたちのように見苦しく逃げ回らない。「自分の本を読んで、それが影響したというのなら、自分の責任はあります。罰して下さい」と自ら申し出る。冤罪だと言って、弁解し逃げて生きるよりも、死に飛び込んでいった。この時、北の中にあったのは松陰の死だったはずだ。死ぬべき時は死ぬ。そのことによって、よりよく生きられる。実際そうなった。左右を超えて、今だって、北一輝は語り継がれているし、仰ぎ見られている。他の将軍たちはどうだ。弁解し生き延びた。それから、何年、あるいは何十年、生きたかもしれない。だが、それはもう、「生きた」とはいえない。永遠に生きているのは北一輝の方だ。
　三島由紀夫だってそうだ。松陰的な死を選んだ。自衛隊の幹部を信じ、「共に決起しよう」と言った。だが、相手は本気には考えていなかった。裏切られたのは三島だ。ただ、まだやり方はあった。あんな形で「無駄死」しなくても、もっともっと舞台はあった。首相とだって、会えたのだ。刺し違えてもいい。国会に乱入してもいい。また、自民党からは選挙に出てくれと頼まれていた。選挙に当選し、防衛庁長官になる道もあった。そこで、クーデターを宣言する。ということだって、選択肢として考えたはずだ。しかし、三島はそうした有効な方法をとらなかった。松陰にならい、あえて、愚鈍な方法をとった。無駄死にをした。人々は「何故？」「何故？」と思う。そうした疑問は今でも発せられている。そのことによって、三島は今も生きているし、その言葉は今も残っている。
　松陰の無駄な死は、その辺の「有効な死」よりも何百倍、何万倍の力をもって、人々の心を打った。西郷、北、三島、それはもっともっと多くの人々の心を打ち、「死に方」を教えた。
　また。この国のことを考え、変えようという人々に指針を与えた。運動に疲れ、辞めた人間をも励まし、立ち上がらせた。こう書いている僕

自身もそうだ。あの時、松陰と出会わなかったら、運動の世界に戻ることはなかった。この話はあまり書いたことがないが、思い切って書こう。

僕は60年代後半、右派の学生運動をやっていた。自分なりに命を懸けてやったと思う。ところが、70年直前に、運動の世界から追われた。70年の「安保決戦」を目前にし、警察は徹底的に左翼つぶしをした。全共闘も潰滅し、左翼労働運動もほとんどなくなった。じゃ右翼学生運動の勝利なのか。そんなことはない。自分たちの力ではなく、警察の力で〈敵〉は崩壊したのだ。不思議なことに、敵がいなくなって、今度は「仲間」「味方」の中に敵を見つけようとする。「我々は勝利した。それなのに運動が伸びないのは無能なリーダーがいるせいだ」「そうだ、こいつは闘う姿勢がない」と僕らは突き上げられた。抵抗したが敗れ、僕は追放された。東京には闘う場がない。地方の大学に入り直し、そこから学生運動をやり直そうか、とも考えた。しかし、出来なかった。万策つきて、実家のある仙台に帰り、小さな書店でバイトをしていた。そんなとき、サンケイ新聞の人から「入らないか」と言われ、入社した。1970年の春だ。もうこれで、運動の世界には戻れない。新聞社に入り、新しい世界でやるしかない、と思ったのだ。

じゃ、東京でアパートを探さなくてはと思い、久しぶりに上京した。懐かしくて、新宿や渋谷をただ、あてもなく歩いていた。アパートを探すのは、明日からにしようと思った、その時だった。「鈴木さん」と声をかけられた。「楯の会」一期生の阿部勉氏だった。「いやー、なつかしいですね、先輩。心配してたんですよ。まずは珈琲でも飲みませんか」と言う。早大で彼とは一緒だった。彼は日学同から楯の会に入った。僕とは組織が違うが、右派学生は少ないから皆知っている。それほど親しいわけではない。また、僕らの全国学協と日学同は内ゲバをやっていたし、彼ともずっと会ってなかった。それなのに、再会を無邪気に喜んでいる。それがありがたかった。

ビルの上の階にある喫茶店だった。渋谷を歩く人々を見下ろしながら、阿部氏と話をした。僕が運動を追放されたことは彼も知っていた。心配していたという。サンケイ新聞に入ったことを無条件に喜んでくれた。

中には「大企業に就職するなんて転向だ」「裏切りだ」と言う人もいるのに……。また、自分の中にもそんなやましさがあったのに、彼は自分のことのように喜んでくれる。そして、「今アパートを探しに来たんだ」と言ったら、即座に「じゃ僕のところに来ませんか」と言う。「福田俊作と二人で住んでいるんですが六畳二間です。随分余裕がありますから。アパートが見つかる間でもいいでしょう。ひとまず、そこに入ってゆっくりアパートを探したらいいでしょう」と言う。

「いいの？　じゃお願いしましょう」と僕も即答した。あまり他人と住むのは好きじゃない。それなのに、即答し、次の日から同居した。久しぶりに「運動家」と会い、僕のことを迎え入れてくれた。それに感動したのだろう。運動から追放されたことで、他の全ての人間からも軽蔑され、白い眼で見られていると思っていたのだ。それなのに、運動の因縁に関わらず無邪気に歓迎してくれた人がいた。それが嬉しかったのだ。

阿部氏のところには、一週間位いてアパートを探し移るつもりだった。でも居心地がよくて、ついつい長居をしてしまった。半年以上もいた。70年11月25日の「三島事件」が起きなければもっとずっと居ただろう。その日を境に雰囲気ががらりと変わったので、あわてて不動産屋に飛び込み、アパートを探して移ったのだ。

では、時間を戻して、70年の春だ。阿部氏も福田氏もまだ学生で、「楯の会」の一期生だった。それに広いアパートだし、僕は朝会社に行き、夜帰ってくる。早大からも近かったので、そこは「楯の会」のたまり場になっていたし、よく勉強会もやっていた。帰ってくると、まだ勉強会が続いていることもあるし、もう飲み会になっていることもあった。運動から追い出された敗残者の僕を皆、快く受け入れてくれた。僕も楽しかった。運動の世界に戻ってきたような高揚感を感じた。一緒に飲んだ。

でも勉強会って、一体何を読んでいるのだろう。ある日、日曜日だったので僕も出た。驚いた。吉田松陰全集をテキストとして勉強している。僕も松陰について、解説した本や評論した本は読んだことがあるが「全集」なんて知らない。そんな難しい本をテキストに阿部氏が講義している。

『講孟箚記』『士規七則』などを読んでいた。ついて行けなかったが、必死に僕も読んだ。そして、こんなに偉大な人なのに、なぜ、松陰はむざむざと刑死したのか。考えた。もしかしたら、三島に松陰のことを勧めたのも阿部氏かもしれない。いや、三島のことだ。とっくに読んでいただろう。それに阿部氏を中心にして、松陰の勉強会をやっていたことも三島は知っていたはずだ。三島は時間にうるさくて、学生と会うときも必ず10分前に行った。三島と約束してその日までに仕事ができなくて、三島に絶縁された人もいる。それだけ時間に厳しいのに、阿部氏にだけは甘かった。「楯の会」の会合に阿部氏が遅れて来ても「阿部ちゃんじゃ、しょうがないな」と笑っていた。高田馬場のアパートにも何度か三島は来たという。阿部氏はことの外かわいがられていたのだ。三島は憲法改正を真剣に考え、「楯の会」の中に「憲法研究会」をつくり改憲試案を作らせた。その代表に阿部氏を任命した。ともかく信頼していた。その阿部氏らが松陰を勉強している。その現場を三島も見て、考えるところがあったようだ。そして運命の日が来た。70年11月25日だ。会社から帰ると、アパートのまわりには、知らない人たちがいっぱいいて、出入りしている。警察官もいる。アパートの一室に三島の写真を飾り祭壇がもうけられている。「楯の会」の人たちが集まって真剣に語らいヒソヒソと話し合っている。僕が入るとすぐに話をやめて、その上「先輩、すみませんが、ちょっと席を外してもらえませんか」と言う。こんなことは初めてだ。でも、こんな大事件の後だ。気が付かない僕が悪いのだ。その足で不動産屋に行き、近くのアパートを借りた。

　阿部氏はがっくりと落ち込んでいた。尊敬する三島から声をかけてもらえなかった。決起に誘われなかった。一緒に死ねなかった。それが悔しかったのだろう。「楯の会」の他の人たちも皆、同じだった。ただ、その中で、「このままじゃダメだ」と思い、阿部氏が声をかけてくれ、昔の仲間が集まってきた。「楯の会」の人間もいるし、日学同、全国学協の人間もいる。僕を追い出した側の人間もいる。その人たちが集まって、話し合い酒を飲んだ。三島と共に死んだ森田必勝は僕らが運動に誘った人間だ。誘った人間は皆、運動をやめている。僕のように

大企業に勤めた人間もいる。大学院に残り学者を目指している人間もいる。代議士の秘書になった人間、家業を継いだ人間もいる。「一般社会」に戻って来た人間が多い。それなのに、誘われた森田はずっと運動を続け、三島と共に自決した。申し分けないと思った。やましさを感じた。そして、皆で集まって酒を飲んでいた。そんな中から、一水会が生まれた。阿部氏が提案し、「月に一ぺんでも勉強会をやろう」となり、第1水曜日に集まることにしたのだ。そして、阿部氏が住んでいた下北沢のアパートを事務所がわりにした。また、「皆で金を出し合って新聞をつくろう」となった。さらに、若い人間と知り合いになり、運動体のようになってきた。

　一水会はだから阿部氏が作ったのだ。僕はただ年長だということで代表にされただけだ。その阿部氏も今は亡い。

　そうか、阿部氏か、それに松陰だ、と思った。松陰に呼び戻されたのだ。そんなことを思ったのも三浦・貝原両氏の『吉田松陰』を読んだからだ。昔は分からなかったことが今では分かる。こんな気持ちにさせられたのはこの本が初めてだ。松陰の関連本は多分100冊近く読んでいる。でも他の本はいい。これだけを是非読んでほしい。そして、「自分の問題」として松陰を考えてほしい。この本が最も新しい。最も考えさせられる本だ。この本を読んで皆も自由に考えたらいい。自由に飛んだらいい。そして一人ひとりが「現代の松陰」になったらいい。それを可能にする本だ。

　三浦氏は言う。

　〈無器用に、ド真面目に、真実を追い、自分の信じる道を死をも怖れず突き進んだ松陰の生きざまに魅きつけられた〉

　そしてこう言う。〈幾度か蹉跌し辛酸をなめながらも屈することなく堂々とこの信念を主張し続けたその姿勢、その精神はただ瞠目するだけである。それに比して昭和の俺たちは──〉

　それにしても、平成の俺たちは──。と僕らは今、呟かなければならない。

〔2015年2月記〕

あとがき

松陰を相手に苦闘すること九カ月、やっと脱稿する朝を迎えた。

巨人であり、偉人であり、一代の英雄である松陰は、とうてい私がそばに寄れる人ではない、というのが書き終えたあとの実感である。もし、この人の弟子になっても私は三日で逃げ出すか、そのいいかげんさにあきれられて松陰から追い出されるか、どちらにしろ永続きはしないと思う。

だが、たとえ逃げ出したにせよ、追い出されたにせよ、私は生きている限り、松陰の世に処するきびしさと、人間に対するやさしさを忘れることはできないと思う。そして、ぐうたらな私は、遠くから松陰をしたい続けるに違いない。彼の欠点は一点の妥協も許さなところにあり、彼の長所もそこにある。またそこがしんどいのだ。松陰もしんどかったはずだが一度も弱音らしいことを吐いていない。

彼は猛虎のように障害を飛び越え、目的に向かって突進していく。なんとも凄いエネルギーと意志力だ。

不正が手をつないで横行しているのをみながら「これが世の中さ」と、したり顔であきらめている私たちにとって、松陰は、いらだたしいほど、まぶしい存在である。私はできるだけ、そのまぶしさに眼をつぶらず、彼の精神のひとかけらでも、自分のものにしたいと思っている。

筆者紹介
文■三浦実
1932年宮城県生まれ。出身。賞罰なし。2006年6月死去。

解説■鈴木邦男
1943年福島県生まれ。
新右翼団体一水会顧問。
著書『ヤマトタケル』
等多数。

イラスト■貝原浩
1947年倉敷市生まれ。
著書1/2の『戸籍』(現代書館)はベストセラーとなる。
2005年6月死去。

FOR BEGINNERS シリーズ ⑱
（日本オリジナル版）
吉田松陰（増補新装版）

1982年2月25日　第1版第1刷発行
2015年3月25日　増補新装版第1刷発行

文　　　　　三浦　実
イラスト　　貝原　浩
解説　　　　鈴木邦男
装幀　　　　中山銀士
制作スタッフ
　　　　　　丸山　勇
　　　　　　舟部淑子
　　　　　　佐々木柾夫
　　　　　　鯨岡　久
発行所　　　株式会社　現代書館
発行者　　　菊地　泰博
東京都千代田区飯田橋3-2-5
電話(03)3221-1321　振替00120-3-83725
FAX(03)3262-5906

組版・具羅夢
印刷・東光印刷所／平河工業社
製本・越後堂製本

定価はカバーに表示してあります。
落丁・乱丁本はおとりかえいたします。

© 2015 Printed in Japan ISBN978-4-7684-0108-8

FOR BEGINNERS シリーズ

歴史上の人物、事件などを文とイラストで表現した「見る思想書」。
世界各国で好評を博しているものを、日本では弊社が版権を取得し、
独自に日本版オリジナルも刊行しているものです。

①フロイト
②アインシュタイン
③マルクス
④反原発*
⑤レーニン*
⑥毛沢東*
⑦トロツキー*
⑧戸籍
⑨資本主義*
⑩吉田松陰*
⑪日本の仏教
⑫全学連
⑬ダーウィン
⑭エコロジー*
⑮憲法*
⑯マイコン*
⑰資本論
⑱七大経済学
⑲食糧
⑳天皇制
㉑生命操作
㉒般若心経
㉓自然食*
㉔教科書*
㉕近代女性史*
㉖冤罪・狭山事件*
㉗民法
㉘日本の警察
㉙エントロピー
㉚インスタントアート
㉛大杉栄*
㉜吉本隆明
㉝家族*
㉞フランス革命*
㉟三島由紀夫
㊱イスラム教
㊲チャップリン
㊳差別
㊴アナキズム*
㊵柳田国男
㊶非暴力*
㊷右翼
㊸性
㊹地方自治
㊺太宰治
㊻エイズ
㊼ニーチェ
㊽新宗教
㊾観音経
㊿日本の権力
(51)芥川龍之介
(52)ライヒ
(53)ヤクザ
(54)精神医療
(55)部落差別と人権
(56)死刑
(57)ガイア
(58)刑法
(59)コロンブス
(60)総覧・地球環境
(61)宮沢賢治
(62)地図
(63)歎異抄
(64)マルコムX
(65)ユング
(66)日本の軍隊（上巻）
(67)日本の軍隊（下巻）
(68)マフィア
(69)宝塚
(70)ドラッグ
(71)にっぽん（NIPPON）
(72)占星術
(73)障害者
(74)花岡事件
(75)本居宣長
(76)黒澤明
(77)ヘーゲル
(78)東洋思想
(79)現代資本主義
(80)経済学入門
(81)ラカン
(82)部落差別と人権II
(83)ブレヒト
(84)レヴィ-ストロース
(85)フーコー
(86)カント
(87)ハイデガー
(88)スピルバーグ
(89)記号論
(90)数学
(91)西田幾多郎
(92)部落差別と宗教
(93)司馬遼太郎と「坂の上の雲」
(94)六大学野球
(95)神道（Shintoism）
(96)新選組
(97)チョムスキー
(98)ヤマトタケル
(99)住基ネットと人権
(100)ユダヤ教
(101)ハンナ・アーレント
(102)誤解だらけの個人情報保護法
(103)北一輝の革命
(104)民俗学の愉楽
(105)世界を変える非暴力
(106)満州国［Manchurian study］
(107)労働者の味方マルクス
(108)吉田松陰〔増補新装版〕

＊品切

（定価1200＋税　但し、書名太字はＣＤ又はＤＶＤ付で定価1400円＋税です）